LA PRATIQUE DU VOCABULAIRE

1

LA PRATIQUE DU VOCABULAIRE

1

par un groupe d'enseignants

Ronald Boudreau
Pierrette Noël
Mariette Paulin
Majella Thériault

sous la direction de: Philibert Landry et Clarence Légère

Collaboration spéciale
Ministère de l'Éducation du Nouveau-Brunswick
Conseil scolaire n° 05 — Caraquet, N.-B.

guérin Montréal
Toronto
4501, rue Drolet
Montréal (Québec) H2T 2G2 Canada
(514) 842-3481

Dépôt légal, 1er trimestre 1988
ISBN-2-7601-1902-5
Bibliothèque nationale du Québec
Bibliothèque nationale du Canada
IMPRIMÉ AU CANADA

Maquette de couverture : Danielle Latendresse
Illustrations : Danielle Latendresse

TABLE DES MATIÈRES

PRÉSENTATION DE LA COLLECTION

La collection «La pratique du vocabulaire» vise à te faciliter l'acquisition du vocabulaire en te proposant des exercices variés développés à partir de 24 thèmes généraux qui résument l'activité humaine.

Tenant compte de ton âge et de tes intérêts, chaque manuel présente quatre thèmes à l'étude pour chacune des six années du secondaire.

Remarque bien que le lexique de chaque thème n'est pas exhaustif. Le choix des mots proposés dépend de leur fréquence d'utilisation et tient compte du vocabulaire usuel tout en te proposant un certain enrichissement.

INTRODUCTION

Le développement, l'enrichissement du vocabulaire chez tout individu s'opère par un usage constant et diversifié.

La pratique de la langue parlée et de la lecture sont à la base de cet enrichissement. Ainsi la séance de vocabulaire ne peut pas être isolée des activités d'expression et de communication orales de la classe.

Il faut que tu vives des situations d'apprentissage qui favorisent le développement du langage oral tout en privilégiant le goût de lire, d'écrire et de découvrir le sens et la valeur des mots.

Avant d'aborder les activités d'un thème, jette un regard sur l'origine et la formation des mots afin que tu puisses saisir tous les aspects susceptibles de favoriser une étude adéquate de chaque thème.

Ce regard rétrospectif sur ce monde à la fois dense et étonnant du vocabulaire te sera bénéfique dans la mesure où tu établiras un lien entre ce riche passé et ton vécu quotidien.

Origine des mots

1. LE FRANÇAIS DÉRIVE:

— du **latin vulgaire** (du latin parlé par le peuple romain, qui différait de celui des praticiens et des écrivains);
— du **celtique** (dialecte des anciens Gaulois);
— du **germain** (parlé par les Barbares qui envahirent la Gaule au Ve siècle).

Ces divers parlers furent transformés peu à peu par le peuple en une nouvelle langue appelée par les esprits cultivés **langue romane rustique** ou **latin des paysans.**

Ce latin donna naissance à tout un groupe de langues appelées **langues romanes** (l'italien, l'espagnol, le portugais, le roumain et le **français,** qui est la langue la plus ancienne, datant du IXe siècle).

Au début, chaque province de France avait un **dialecte** particulier, i.e. sa manière régionale propre de parler; mais à partir de 987, c'est le **dialecte français** de la région de Paris, appelée Île-de-France, qui supplante progressivement celui des autres provinces.

Du XIVe au XVe siècle, le vieux français subit de grandes transformations et devient le **français moderne.** Mais c'est seulement au XVIe siècle par une **ordonnance royale de François 1er, en 1539,** que la langue française commença d'être officiellement employée dans tous les actes administratifs, au lieu du latin.

2. FORMATION POPULAIRE ET FORMATION SAVANTE[1]

Certains mots furent formés par le peuple (soldats, marchands, artisans), d'autres par les clercs latinisés. Cette double formation populaire et savante, issue d'un même radical, a donné naissance à deux mots français dont le sens a souvent fini par devenir tout à fait différent: ce sont les doublets dont environ 12 000 sont d'origine populaire et environ 18 000 de formation savante. Ainsi

		mot populaire		**mot savant**
coagulare	a donné	cailler	et	coaguler
grammaticam	a donné	grimoire	et	grammaire
mobilem	a donné	meuble	et	mobile
tabula	a donné	tôle	et	table

1. Ce développement ainsi que ceux des numéros 3 à 6 inclusivement sont tirés de: Paul THIRY, *Vocabulaire français,* Éd. A. Boeck, pp. 12-16.

3. L'INFLUENCE GERMANIQUE

À la suite des invasions du Ve siècle, plusieurs centaines de mots germaniques vinrent s'ajouter au fond originel. Tels sont : balle, botte, gant, hache, hareng, etc.

4. LES MOTS D'ORIGINE GRECQUE

Déjà un grand nombre de mots grecs avaient passé dans la langue française par l'intermédiaire du latin (amende, apôtre, beurre, blâmer, baptême, diable, église, évangile, horloge, migraine, boutique, fanal, golfe, police, etc.). À partir du XIVe et jusqu'au XVIIIe siècle, le vocabulaire de la philosophie, de la médecine et de la chirurgie fit directement et abondamment appel à cette source. Depuis le XVIIIe siècle, les progrès de la science et de l'industrie ont nécessité la création d'une quantité sans cesse plus importante de mots nouveaux pour lesquels on s'est presque toujours servi de radicaux grecs (amorphe, analgésie, anesthésie, ankylose, aphone, archéologue, dactylographie, orthopédie, paléontologie, téléphone).

5. LES EMPRUNTS :

a) **aux dialectes** :
   — **le provençal** — auberge, bague, cadenas, câble, cap, béret, etc.
   — **le picard** — caillou, etc.
   — **le wallon liégeois** — houille, etc.
   — **le normand** — pieuvre, etc.

b) **aux langues étrangères** :
   — **l'italien** — (à la suite des relations commerciales, militaires et artistiques du XIVe siècle, puis au XVIe siècle) : affront, alarme, alerte, artisan, banque, bombe, bouffon, espion, opéra, soldat, vedette, vitesse, valise, etc.
   — **l'espagnol** — (les luttes contre les Maures, les pèlerinages à Saint-Jacques-de-Compostelle, le séjour des armées espagnoles en France, le mariage de Louis XIII avec une princesse espagnole — environ 280 mots) : abricot, cigare, sieste, bizarre, camarade, canot, débarcadère, épinard, flotte, romance, sérénade, etc.
   — **le portugais** — acajou, albinos, bambou, banane, coco, fétiche, etc.
   — **le flamand** — équipier, frelater, gruger, houblon, kermesse, mannequin, matelot, etc.

- **l'allemand** — blocus, boulevard, écaille, bière, bivouac, cauchemar, chenapan, choucroute, valse, etc.
- **l'anglais** — bar, bifteck, bouledogue, budget, chèque, clown, club, confort, détective, express, flirt, football, handicap, interview, jockey, jury, match, paquebot, rail, record, sandwich, sport, tunnel, wagon, yacht, etc.
- **le slave** — steppe, isba, etc.
- **le persan** — bazar, lilas, mat, caravane, tambour, etc.
- **l'arabe** — alcool, algèbre, almanach, amiral, café, carafe, chiffre, douane, émir, luth, tasse, turban, azur, etc.
- **le turc** — divan, tulipe, etc.
- **l'hébreu** — chérubin, géhenne, éden, jubilé, sabbat, alléluia, etc.
- **l'américain** — ananas, tabac, caoutchouc, chocolat, guano, quinine, etc.
- **l'indien** (Inde) — avatar, jungle, paria, etc.
- **l'africain** — gorille, macaque, ouragan, zèbre, etc. (dialectes)
- **le chinois** — thé, pagode, etc.
- **le hongrois** — dolman, hussard, shako, etc.
- **le russe** — cosaque, knout, soviet, spoutnik, vodka, etc.

6. UN CERTAIN NOMBRE DE MOTS SONT D'ORIGINE :
- **géographique** : camembert, canari, faïence, indienne, mousse-line, tulle ;
- **historique** : barème, macadam, mansarde, poubelle ;
- **littéraire** : harpagon, tartufe, séraphin ;
- **argotique** : bagout, épatant, mioche, trimer.

7. FORMATION PAR HARMONIE IMITATIVE (onomatopées) :
brouhaha, chuchoter, croasser, coasser, froufrou, glouglou, miauler, ronchonner, roucouler, zézayer, etc.

8. FORMATION PAR ABRÉVIATION[2] :
a) en ne donnant que le début d'un mot : **av.** (avenue), M. (monsieur) ;
b) en donnant le début et la fin d'un mot : **Dr** (docteur), **Mr** (monsieur) ;

---

2. Tiré de : A. JOUETTE, *Toute l'orthographe pratique,* Pluriguides, Nathan, p. 16.

c) en donnant les initiales d'un groupe de mots, appelé **sigle**: **ONU** (**O**rganisation des **N**ations **U**nies) **LASER** (**L**ight **A**mplification by **S**timulated **E**mission of **R**adiation);
d) en ne donnant que les débuts groupés des mots appelés **acronymes**: **BENELUX** (**B**elgique — **N**ederland — **Lux**embourg);
e) en ne donnant que les syllabes initiales: **auto** (mobile); **micro** (phone); **métro** (politain).

Inventaire des mots[3]

Le vocabulaire d'une langue s'enrichit sans cesse de termes ou d'emplois nouveaux, les néologismes, en même temps que certains mots ou constructions disparaissent lentement de l'usage, ce sont les archaïsmes.

Une langue comme le français compte plusieurs centaines de milliers de mots. Mais la plupart appartiennent à des vocabulaires spécialisés: langues techniques, argots, termes régionaux, etc.

Personne ne peut connaître, ni correctement utiliser, la totalité des mots qui forment le vocabulaire d'une langue. Mais, pour l'usage courant, il suffit de bien connaître 20 000 ou 30 000 mots qui constituent le vocabulaire commun; 3 000 s'emploient avec une fréquence très élevée et permettent de se faire comprendre dans presque toutes les situations de la vie courante.

Connaissance et utilisation d'un mot[4]

On peut distinguer:
1. **le vocabulaire actif:** l'ensemble des mots qu'on peut utiliser spontanément dans son propre discours oral ou écrit;
2. **le vocabulaire passif:** constitué des termes qu'on comprend au passage mais qu'on n'utilise pas effectivement dans ses énoncés;

---

3. Tiré de *Comment apprendre le vocabulaire,* niveau 3, Larousse, p. 2.
4. Ce développement ainsi que celui portant sur les niveaux de langage sont tirés de *Comment apprendre le vocabulaire,* niveau 3, Larousse, pp. 38 et 39.

3. **le vocabulaire fréquent :** constitué des mots les plus courants de la langue et qui reviennent constamment quelle que soit la situation de communication. Il compte environ 1 000 unités : mots-outils (art./prép./pron.) ainsi que des mots à valeur très générale comme **petit, beau, être, faire, dire, jour, travail, eau,** etc. ;
4. **le vocabulaire disponible :** constitué des mots essentiels utilisés par tous les sujets parlants, mais qui ont une basse fréquence étant donné qu'ils sont liés aux circonstances de la communication. Regroupant environ 4 000 unités qui s'agencent autour de «centres d'intérêt» : alimentation (**pain, carotte, fourchette**), transports (**avion, auto, train**), habitation (**cheminée, mur, brique...**) etc.
5. **les vocabulaires spécialisés :** restreints à des domaines particuliers : les sciences (**chimie, maths...**), les techniques (**pétrochimie, métallurgie...**), professions ou métiers (**droit, menuiserie...**) et les autres activités afférentes à la vie en société (**sports, hobbies, syndicalisme, politique...**). Ces vocabulaires spécialisés comportent des centaines de milliers d'unités.

«Registres» ou «niveaux» du langage

Les mots ou expressions désignant une même réalité varient aussi selon les groupes sociaux et les situations de communication. Ainsi **gifle, taloche, soufflet** désignent le même objet et sont substituables dans les mêmes contextes. Cependant **gifle** appartient au langage courant, **taloche** au langage familier et **soufflet** au langage soutenu.

Ces mots sont donc des synonymes qui ne diffèrent que par les «niveaux» de langue auxquels ils appartiennent. On peut ainsi distinguer :
1. **un niveau populaire :** bagnole, flic ;
2. **un niveau familier :** auto, bouquin ;
3. **un niveau courant :** monter, autrefois ;
4. **un niveau soutenu ou littéraire :** gravir, jadis ;
5. **un niveau technique :** actinie, pédoncule.

Le registre normal contient les mots les plus fréquents, et donc les plus importants à bien connaître. Mais les autres niveaux, soutenu et technique, ne sont pas à négliger car ils marquent la richesse et la diversité des échanges sociaux.

OBJECTIFS DE L'ENSEIGNEMENT DU VOCABULAIRE

L'enseignement du vocabulaire, par le truchement de situations d'expression et de communication orales, t'amène à atteindre les objectifs suivants :

1. **Saisir** les relations entre les mots et les choses ;
2. **Désigner** par des mots précis et justes les objets et les divers concepts (la dénomination) ;
3. **Comprendre** le sens et la valeur des mots ;
4. **Connaître** les relations de forme que les mots peuvent avoir entre eux (systèmes morphologiques) ;
5. **Connaître** les rapports de sens entre les mots (systèmes sémantiques) ;
6. **Distinguer** les différentes façons de s'exprimer selon les circonstances et employer les mots et les termes qui conviennent à telle ou telle situation de communication ;
7. **Passer** du vocabulaire fondamental au vocabulaire commun et le compléter par des termes empruntés à des domaines plus spécialisés.

PRINCIPES DIRECTEURS

La langue étant un instrument de communication, il s'ensuit que l'acquisition et le développement de ton vocabulaire se feront plus adéquatement si tu mets en pratique les principes directeurs suivants :

1. L'oral précède l'écrit ;
2. Le vocabulaire s'acquiert par l'usage ;
3. Les mots prennent leur sens dans un contexte.

NOTIONS RELIÉES À L'ÉTUDE DU VOCABULAIRE

Amorce

C'est la mise en situation par laquelle tu te prépares adéquatement à l'étude du thème.

Dans l'amorce, les diverses interventions visent à susciter tes réactions, lesquelles seront canalisées vers la communication.

De plus, le texte d'amorce a été préparé afin de te motiver et de t'initier à l'étude du thème en te donnant un aperçu des exercices qui permettent d'enrichir ton vocabulaire.

Cette mise en train doit créer chez toi un besoin et doit être un déclencheur de la motivation à communiquer.

Vocabulaire analogique

Analogie: Un regroupement de mots qui se produit par association; du passage d'une idée à un mot ou d'un mot à une idée.

Ces nombreux mots répondent à un double principe organisateur. À partir d'un thème, il est en effet possible de procéder à deux types de décomposition. Par exemple, dans le cas de **maison,** deux séries sont possibles:

maison: **château, demeure, masure,** etc.;
maison: **fenêtre, porte, salle à manger, toit**, etc.

Il s'agit soit d'énumérer **les diverses sortes de maisons,** soit de réunir **les éléments qui composent la maison** et qui permettent de la définir. Ce premier principe de regroupement donnera naissance à une série de termes qui fournissent des associations concrètes à partir d'une base également concrète. Les mots-centres comme **maison** comporteront tous au moins une rubrique «**description**» et une rubrique «**diverses dénominations**», rubriques auxquelles s'adjoindront naturellement des indications concernant, d'une part, la fabrication, la production, l'emploi, etc. de ce qui correspond au thème choisi comme point de départ, d'autre part, la valeur (affective, par exemple) de certains termes ou ensembles de termes. C'est le type encyclopédique.

Un second principe de regroupement permet de rassembler les concepts à l'aide desquels la réalité concrète est analysée : espace, ligne, mesure, temps, etc. C'est le type conceptuel.

Tu peux encore songer à un troisième groupe, celui des mots qui, tout en renvoyant à une action dont le principe est simple, aisé à concevoir et à définir, doivent énumérer un grand nombre de modalités de cette action : **courir, essayer, presser,** par exemple ; il est mille et une façons d'effectuer ces actions, en mille et une occasions.

Tu peux trouver ce vocabulaire analogique disposé en une suite alphabétique des mots de la langue, comportant pour chacun son explication et ses emplois. Par ailleurs, l'idée de suite peut faire place à l'idée de rayonnement. Essentiellement, il s'agit de présenter un certain nombre de mots-centres autour desquels se groupent tous les mots qui ont entre eux un rapport quelconque de sens : nuances, détail, synonymie, analogie, extension, dérivation, composition, etc. Les mots-centres représentent des abstractions, des idées morales, des êtres, des actions communes de la vie, des sciences, des métiers, etc.

En définitive, le vocabulaire analogique constitue un ensemble de mots évoqués par un thème et tenant compte de leur communauté de sens.

L'analogie te permet donc de retrouver des mots qui échappent à notre mémoire (et dont on dit qu'on les a sur le bout de la langue), grâce à une idée, à un mot qui sert de fil conducteur.

Familles de mots

D'une façon générale, **une famille de mots** se définit comme un ensemble de mots liés entre eux par un lien, lequel détermine la nature spécifique de chaque famille.

Ainsi, tu peux retrouver comme lien :

a) **un thème :**   C'est un lien ténu, donnant naissance à la
(idée commune)   **famille analogique,** sans doute la plus grande famille, puisqu'elle réunit des mots isolés des familles sémantiques et morphologiques. Ces groupements de mots sont désignés par l'expression «vocabulaire analogique» plutôt que «famille analogique».

19

b) **le sens:**	Le groupement de mots qui s'opère en fonction de la signification donne naissance à la **famille sémantique.** Cette famille comprend donc tantôt des synonymes, tantôt des antonymes, et les mots formant cette famille doivent être de même nature.
c) **le radical:** (la racine)	Cet étymon commun, de même origine, donne naissance à une **famille morphologique** ou **étymologique,** laquelle famille comprend des mots de toute nature.

Lorsque tu aborderas les autres groupements de mots, tels les homonymes et les paronymes, tu constateras que certains auteurs utilisent les expressions «faux-frères» ou «fausses familles morphologiques», puisque ces mots ne sont unis ni par le radical, ni par le sens, ni par une idée commune (thème), mais uniquement par le phonème ou la graphie.

Par ailleurs, lorsque tu rencontres l'expression «familles de mots», dans la plupart des cas, il s'agit de familles morphologiques. Examinons de plus près la **famille morphologique ou étymologique.**

À partir d'une racine commune naît un buisson de tiges qui ont un air de famille. Ainsi de «forme» sont venus: **formation** (N), **former** (V), **formel** (Adj.), **formellement** (Adv.), et puis **formule, formalité, déformer, transformation, réforme, difformité,** etc. Ces mots, nés au cours des siècles, forment **une famille de mots.**

En chacun des mots ci-dessus, tu distingues la racine «form» ou le radical «forme», augmentés d'un préfixe (**dé-, trans-, dif-**...) ou d'un suffixe (**-er, -el, -ule, -ation**...).

Deux conditions sont donc essentielles pour qu'un groupe de mots forme une **famille de mots:**

a) **une similitude de forme:** même radical (racine) pour les familles régulières

FORM er
FORM el
FORM ation

radicaux (racines) différents pour les familles irrégulières

a MEUBL ement
im MOBIL e

b) **une identité de signification :**
   former : donner une certaine **forme** à...
   formel : relatif à la **forme**
   formation : action de **former**

Une famille étymologique est dite régulière quand le radical (racine) conserve le même son et la même forme graphique, ou quand il possède plusieurs formes que la prononciation permet aisément de distinguer. La famille **terre** fournit un bon exemple d'une famille régulière. Elle comprend une quarantaine de mots où le double **R,** qui caractérise la racine, figure constamment.

terre	terreux	déterrage
terrain	terrien	enterrer
terrasse	terril	enterrement
terrasser	terrir	parterre
terrassement	terricole	terrestre
terrassier	terrigène	terrine
terreau	atterrer	territoire
terreauter	atterrage	territorial
terreautage	atterrir	territorialité
terrer	atterrissage	territorialement
terré	atterrissement	terroir
terrage	déterrer	déterré
terraqué	déterré	déterreur
terrier	déterreur	déterrage

Comme exemple de famille irrégulière, remarque que les mots «meuble» et «mobile», sont tirés du latin **mobilem** (qui peut se mouvoir). D'où : **meubler, immeuble, ameublement,** et **immobile, mobilier, automobile,** etc.

Sens des mots[5]

C'est le contexte qui donne au mot son sens et sa valeur. C'est dans la phrase que le mot prend vie et révèle un aspect de sa personnalité sémantique.

Cependant, tu peux examiner le mot en lui-même et te rendre compte, d'une part, qu'il possède un sens qui lui est **propre** et, d'autre part, parce que la langue évolue sans cesse, qu'il peut voir son sens s'étendre à des objets différents et prendre un sens nouveau appelé **figuré** (ou dérivé).

---

5. Tiré de : J. SINON, *La pratique de la grammaire,* 8 (Le vocabulaire), Éditions Gamma, pp. 31-34.

Les changements de sens se réduisent principalement à la **métaphore** et à la **métonymie.** Ainsi le changement de sens d'un mot peut se faire :

a) soit par le jeu d'une **association d'idées** (alors, il y a eu **glissement de sens**) — c'est le domaine de la métonymie qui procède :
   i) du **concret à l'abstrait, du physique au moral**
      — fabriquer du **pain** (pain = aliment) : sens propre
      — gagner son **pain** (pain = vie) : sens figuré
   ii) de l'**abstrait au concret**
      — les souvenirs **d'enfance** (enfance = période de vie) : sens propre
      — les jeux de l'**enfance** (enfance = des enfants) : sens figuré
   iii) du **contenant au contenu**
      — faire un **panier** (panier = contenant) : sens propre
      — emporter un **panier** froid (panier = aliments contenus dans le panier) : sens figuré
   iv) d'un **lieu d'origine à un produit commercial, à un objet fabriqué**
      — **Panama** (ville de l'Amérique centrale) : sens propre
      — un **panama** (chapeau d'été) : sens figuré

b) soit par le jeu d'une **image** (alors, il y a **transposition de sens**)
   — c'est le domaine de la **métaphore** où tu peux retrouver :
   i) un NOM
      — aller à **pied** : sens propre
      — le **pied** de l'arbre : sens figuré
   ii) un ADJECTIF
      — un feuillage **vert** : sens propre
      — du bois **vert** : sens figuré
   iii) un VERBE
      — **friser** les cheveux : sens propre
      — **friser** la quarantaine : sens figuré
   iv) une EXPRESSION
      — le foin **a été fauché** : sens propre
      — **être fauché** (démuni d'argent) : sens figuré

Au lieu de créer des vocables nouveaux et de multiplier à l'infini les termes, l'usage a préféré multiplier les sens de chacun de ces termes existants et les rendre aptes à modifier leur sens selon les situations et les contextes.

Expressions et locutions[6]

Locution: Un groupe de mots qui exprime une chose, une action ou une idée. La nuance est bien mince entre **locutions** et **expressions.**

Certains auteurs appellent ces locutions des clichés, que les dictionnaires s'accordent à définir comme expressions toutes faites, de banalités, de lieux communs. Marouzeau définit ainsi le cliché: «Expression suffisamment typique pour être reconnue de prime abord, à laquelle recourt le sujet parlant et surtout l'écrivain soucieux d'imiter ce qu'il estime être une élégance, et qui souvent, à force d'être usée, donne l'impression de la pire banalité.» Pour Charles Bally: «Les clichés sont des locutions toutes faites, transmises par la langue littéraire à la langue commune.»

Un certain nombre de locutions sont proverbiales parce qu'elles proviennent de proverbes tout en gardant leur autonomie comme locutions: **faire contre mauvaise fortune bon coeur, courir deux lièvres à la fois.** La plupart de ces locutions sont métaphoriques, et c'est ce qui fait leur charme.

1. LE CHOIX DES LOCUTIONS

La langue est remplie d'expressions toutes faites, consacrées par l'usage, qui proviennent souvent des langues techniques — droit, administration, sciences qu'on emploie dans la langue commune ou cultivée. En voici quelques exemples: **décliner une invitation, entamer une discussion, courir un risque, briguer les suffrages, administrer un remède, induire en erreur, honorer une promesse, prêter à confusion, jouer un rôle, prêter serment,** etc. Ces façons de s'exprimer relèvent de la stylistique, i.e. recherche du mot juste, emploi du terme propre.

Ces locutions sont «figées», surtout quant au mot principal ou d'identification. On attend quelqu'un au **tournant,** non au virage; on voit **trente-six** chandelles, et non trente-cinq; on est dans le même **bateau** et non la même barque; on est dans ses petits **souliers** et non ses petites bottes. Cependant, on peut assez souvent employer un synonyme, surtout pour le verbe: **mouillé** (ou **trempé**) **comme un canard; mourir** (ou **tomber**) **comme des mouches.**

---

6. Ce développement est tiré de: Bruno LAFLEUR, *Dictionnaire des locutions idiomatiques françaises,* Introduction, Erpi, pp. V-XIV.

23

2. ORIGINE ET CLASSEMENT DES LOCUTIONS

L'origine des locutions est d'une infinie variété. Nos ancêtres avaient une imagination prodigieuse. Ils observaient instinctivement ce qu'il y avait sous leurs yeux, ce qui se passait autour d'eux. Ils faisaient des rapprochements d'idées, des comparaisons, des métaphores et ils retenaient celles qu'ils entendaient. C'est ainsi qu'elles passaient d'un métier à l'autre, d'une classe sociale à l'autre et qu'on se faisait des échanges entre les régions.

Le corps humain a donné naissance au plus grand nombre de locutions. De plus il ne faut pas se surprendre de voir les animaux, domestiques ou sauvages, les insectes et même les reptiles et les poissons jouer un grand rôle dans la formation des images et des comparaisons. Il en est ainsi de la religion, de l'armée, de la navigation et des amusements et des jeux. On peut en dire autant de la vie quotidienne : le vêtement et les chaussures, le boire et le manger, la vie, les maladies, les remèdes et la mort. Toutes les activités de la vie déteignaient sur la langue et devenaient une ruche de locutions imagées, pittoresques, faciles à retenir, qu'on s'est transmises de génération en génération même si le sens premier ou propre a disparu.

Les fables de La Fontaine ont enrichi cette partie du vocabulaire, comme les chansons de geste et les contes du Moyen Âge. Les arts, ainsi que les sciences et les techniques, ont fourni des moules pour exprimer telle ou telle idée, tel ou tel sentiment. L'univers de la nature, avec les astres, les éléments, les saisons, la température et le temps, la culture et les forêts, a été une source très riche de moyens d'expression à la portée de tout le monde.

Toutes les expressions et les locutions qui figurent dans le lexique de chaque thème sont essentielles à acquérir si tu veux enrichir et colorer ton langage.

Proverbes[7]

La notion et l'usage du proverbe sont de tous les temps et de tous les peuples.

On peut alors dire que le **proverbe** désigne une vérité morale ou de fait exprimée en peu de mots, ou bien une expression imagée de la philosophie pratique, ou bien une parole mémorable, ou bien encore un vers ou un distique célèbre, «passé en proverbe».

---

7. Tiré du *Dictionnaire des proverbes, sentences et maximes,* Introduction, Larousse, pp. V-VI.

Pour John Russell: «Un proverbe est l'esprit d'un seul et la sagesse de tous».

La **sentence** exprime une courte proposition morale résultant de la manière personnelle de voir (Autant d'hommes, autant d'avis, Térence).

La sentence diffère du proverbe en ce qu'elle a un sens moins vulgaire et une forme plus abstraite; le proverbe éclaire la vie pratique, la sentence fait réfléchir.

La **maxime,** c'est la grande sentence. La maxime est une proposition générale, exprimée noblement, et offrant un avertissement moral, sinon une règle de conduite; et selon une formule récente, c'est le «proverbe savant». (Le coeur a ses raisons que la raison ne connaît point.)

L'adage est une proposition ayant pour fin une action morale (Uti, non abuti — User, ne pas abuser: adage latin; Noblesse oblige: adage français).

Le **précepte** est un enseignement, une règle de conduite (Aimez-vous les uns les autres: précepte évangélique).

Le **dicton,** à l'origine énonciation prétendant articuler une règle, caractérise maintenant des faits de circonstance (Mariage pluvieux, mariage heureux; Année neigeuse, année fructueuse).

La **locution proverbiale** ne fait que caractériser un individu ou une situation (faire la sainte Nitouche; faire des châteaux en Espagne).

L'emploi opportun d'un proverbe topique fait sur l'esprit une impression vive, et tous les jours il se dit des proverbes, anciens et nouveaux. Ceux-ci jaillissent de la verve populaire (On ne fait pas d'omelette sans casser des oeufs. — Aux innocents les mains pleines.)

Wilhelm Wander dit qu'ils (les proverbes) «ressemblent aux papillons, on en attrape quelques-uns, les autres s'envolent».

Préfixes et suffixes

La langue française a subi et continue à subir des variations. Elle a perdu un grand nombre de mots, mais elle a constamment enrichi son vocabulaire par les emprunts aux langues étrangères et par la création de termes nouveaux.

Cette création peut s'opérer selon deux procédés:
— la dérivation;
— la composition.

Par dérivation ou composition, un ou plusieurs **affixes** sont accolés à un radical pour former une unité lexicale.

Radical : — la partie essentielle d'un mot, celle qui exprime le sens principal de ce mot ;
 — un mot complet de la langue auquel on a ajouté un élément nouveau pour former un dérivé.

Ex.: **tour,** con**tour,** dé**tour, tour**ner, en**tour**er, en**tour**age, dé**tour**nement.

Racine : un fragment de mot, un monosyllabe irréductible auquel on arrive en dépouillant un mot des préfixes, des suffixes et des flexions.

Ex.: **form**ation, in**cass**able, in**struct**ion.

On nomme **affixe** un élément capable de modifier le sens ou la fonction d'un radical ou d'un nom.

Ces affixes sont des particules d'origine latine ou grecque qui modifient le sens du mot devant lequel ou à la suite duquel elles sont placées.

Si l'affixe se place avant le radical, c'est un «préfixe»; s'il se place après le radical, c'est un «suffixe».

Les **préfixes** modifient le sens même de la base à laquelle ils se joignent et le transforment parfois totalement.

Les **suffixes** n'affectent pas directement le sens des mots auxquels ils se joignent mais ils se bornent à faire dériver le sens, à le pousser dans une direction nouvelle.

Les **suffixes** du français sont venus pour la plupart du latin. D'autres ont été empruntés aux langues germaniques, aux langues méridionales ou encore ont été créés par le français.

On peut distinguer trois catégories de suffixes suivant qu'ils servent à former :

a) des noms ou des adjectifs (dérivation nominale)

    i) gliss**ade**   ii) pend**aison**   iii) odel**ette**
    iv) vérit**able**   v) feuill**u**   vi) imposs**ible**

b) des verbes (dérivation verbale)

    i) log**er**   ii) viv**oter**   iii) tut**oyer**
    iv) dent**eler**   v) rêv**asser**   vi) roug**ir**

c) des adverbes (dérivation adverbiale)

    i) grande**ment**   ii) vive**ment**   iii) bête**ment**
    iv) à recul**ons**   v) à tât**ons**   vi) à califourch**on**

Les suffixes sont des éléments qui s'ajoutent après le radical pour en modifier le sens.

1. Le suffixe change la nature du mot radical :

   égal (adjectif)   ⟶   égal**iser** (verbe)

   impression (nom)   ⟶   impressionn**able** (adjectif)

2. Le suffixe est directement relié au radical :

   forter**esse,** matin**ée**

   cap**able,** vive**ment**

3. Le suffixe est rarement attaché à une seule signification :

   a) pomp**iste**   — personne pratiquant un métier

       social**iste**   — partisan d'une doctrine

   b) institut**eur**   — nom de personne exerçant un métier

       protect**eur**   — nom de personne

       élévat**eur**   — nom de chose

4. Quelques suffixes peuvent porter le même sens :

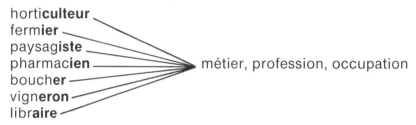

horti**culteur**
ferm**ier**
paysag**iste**
pharmac**ien**   métier, profession, occupation
bouch**er**
vign**eron**
libr**aire**

Les **préfixes** sont des particules, des prépositions ou des adverbes qui se placent avant le radical pour y ajouter une idée secondaire.

1. Le préfixe ne change pas la nature du mot radical :

   possible   — **im**possible

   faire   — **re**faire

   fin   — **super**fin

   parlementaire   — **extra**parlementaire

2. Le préfixe est ordinairement relié au mot radical ou parfois il en est séparé par un trait d'union :

   anti   — **anti**nucléaire

   aéro   — **aéro**gare

   non   — **non**-violence

   semi   — **semi**-public

3. Le préfixe a un sens bien déterminé:

post — entre dans la formation de nombreux mots où il marque la notion d'**après** dans le temps et l'espace. Ex.: **post**dater, **post**scolaire.

pré — entre dans la formation de nombreux mots où il marque la notion de **devant,** en **avant,** (marquant l'antériorité). Ex.: **pré**avis, **pré**céder.

4. Quelques préfixes peuvent porter le même sens:

bimoteur	— qui a **deux** moteurs
bilingue	— qui parle **deux** langues
dialogue	— entretien entre **deux** personnes
duo	— composition musicale pour **deux** voix ou **deux** instruments
duplex	— appartement sur **deux** étages

Ne va pas surtout croire que tu dois apprendre par coeur ces listes de préfixes et de suffixes. Il s'agit plutôt d'en découvrir le sens. La connaissance de ces affixes, l'identification du radical ou de la racine t'aideront à préciser la signification des mots.

Observations générales sur les préfixes et les suffixes

1. Le préfixe «ad» peut se rencontrer sous différentes formes:

	ad —	**ad**mettre, **ad**joindre, **ad**mirer, **ad**apter
	a —	**a**cheminer, **a**battre, **a**percevoir, **a**dosser
«ad»	ac —	**ac**courir, **ac**commoder, **ac**créditer
signifiant	af —	**af**foler, **af**faiblir, **af**firmer, **af**franchir
«**direction**»	ag —	**ag**glutiner, **ag**glomérer, **ag**graver
«**tendance**»	al —	**al**lier, **al**longer, **al**léger, **al**lécher
«**rapprochement**»	an —	**an**noter, **an**nexer, **an**nihiler
	ap —	**ap**porter, **ap**pointer, **ap**pauvrir, **ap**poser
	ar —	**ar**ranger, **ar**rondir, **ar**roser
	as —	**as**siéger, **as**similer, **as**sombrir, **as**sortir
	at —	**at**tirer, **at**traper, **at**trister, **at**trouper

2. Le préfixe «sub» peut se rencontrer sous différentes formes :

	sub	— **sub**diviser, **sub**ordonner, **sub**urbain, **sub**merger
	suc	— **suc**céder, **suc**cesseur, **suc**comber
«sub»	sup	— **sup**poser, **sup**porter, **sup**primer, **sup**plémentaire
signifiant		
«**la**	sus	— **sus**pendre, **sus**pension, **sus**citer, **sus**mentionner
position,		
en dessous»	sou	— **sou**lever, **sou**mettre, **sou**tirer, **sou**peser
	sous	— **sous**crire, **sous**signer, **sous**traire, **sous**-ensemble, **sous**-entendu

3. Le préfixe «re» peut se rencontrer sous différentes formes :

«re»	re	— **re**faire, **re**doubler, **re**dire, **re**tourner
signifiant	r	— **r**attraper, **r**abattre, **r**acheter, **r**avaler,
«**mouvement**	ré	— **ré**apprendre, **ré**employer, **ré**éduquer, **ré**agir, **ré**admettre, **ré**unir
en la répétition,		
le renforcement,	ra	— **ra**fraîchir, **ra**lentir, **ra**jeunir, **ra**conter
l'achèvement»	res	— **res**saisir, **res**suer, **res**sauter

4. Les différents suffixes qui expriment **celui qui fait l'action ou l'agent** :

a) -ateur — admir**ateur**, cultiv**ateur**, législ**ateur**
b) -culteur — api**culteur**, agri**culteur**
c) -eur — moqu**eur**, dress**eur**
d) -ier — bijout**ier**, carnass**ier**, ferm**ier**
e) -eron — vign**eron**, bûch**eron**, forg**eron**
f) -âtre — idol**âtre**, zool**âtre**
g) -ard — vant**ard**, pleur**ard**
h) -iste — violon**iste**, art**iste**
i) -cide — patri**cide**, infanti**cide**
j) -ien — pharmac**ien**, mécanic**ien**

5. Les suffixes qui forment des «diminutifs» ou donnent une valeur diminutive aux mots : (ces suffixes ont le sens de petit(e).)

a) -et, -ette — bâtonn**et**, garçonn**et**, livr**et**, oeill**et**, pauvr**et**, chevr**ette**, côtel**ette**, pomm**ette**, sonn**ette**, tabl**ette**
b) -ot, -otte — chari**ot**, îl**ot**, pâl**ot**, vieill**ot**, bill**ot**, men**otte**, cagn**otte**, bisc**otte**
c) -on, -eron — levr**on**, aigl**on**, chat**on**, vest**on**, puc**eron**, laid**eron**, mouch**eron**

d) -eau	troup**eau,** vermiss**eau,** chevr**eau,** élé-phant**eau,** renard**eau**
e) -elle	ru**elle,** tour**elle,** poutr**elle,** prun**elle**
f) -ille	brind**ille,** chen**ille,** fauc**ille**
g) -illon	fauc**illon,** port**illon,** ois**illon**
h) -in, -ine	ours**in,** enfant**in,** bott**ine,** figur**ine**
i) -ole, -iole	best**iole,** carr**iole,** bander**ole**

Synonymes, antonymes, homonymes et paronymes

1. SYNONYMES

Quand deux mots ou locutions appartiennent à la même classe grammaticale et peuvent être remplacés l'un par l'autre sans que soit modifié le sens général de la phrase, on dit que ces deux mots ou locutions sont **synonymes** :

$$\text{Pierre est} \left\{ \begin{array}{c} \text{têtu} \\ \text{obstiné} \end{array} \right\} \text{comme une mule!}$$

L'équivalence sémantique entre deux termes correspond à une équivalence sémantique globale entre les deux phrases reliées par la synonymie.

Les degrés de la synonymie

Pour que deux mots soient des synonymes parfaits, il faudrait qu'ils soient interchangeables dans tous les contextes et que cette substitution n'entraîne aucune modification du sens.

En général, la synonymie est incomplète, soit qu'elle se limite à un petit nombre de contextes, soit qu'elle entraîne une modification dans les traits sémantiques du mot ou dans le registre de la phrase.

Synonymie et opposition significative

Toute opposition significative est fondée sur l'association d'une ressemblance et d'une différence. Deux termes qui n'ont entre eux aucune différence sont des synonymes. Deux termes dont la différence sémantique ne porte que sur un ou deux traits secondaires sont presque synonymes; de tels mots, appelés **parasynonymes,** sont interchangeables dans un grand nombre de contextes où cette différence sur un ou deux traits mineurs ne change pas la signification globale de la phrase.

$$\text{La vente des} \left\{ \begin{array}{c} \text{automobiles} \\ \text{voitures} \end{array} \right\} \text{a diminué de 20 \%.}$$

Un cas fréquent de parasynonymie concerne une variation d'intensité entre deux ou plusieurs mots.

frayeur = **peur violente**
terreur = **peur, frayeur d'une extrême violence**

Synonymie et polysémie

Tout mot est normalement polysémique, et son sens varie selon les cadres de phrase où il se place. En conséquence, deux mots peuvent être synonymes dans un type de contexte, et ne plus l'être dans un autre environnement.

Il en est ainsi :

a) pour les locutions figées où la substitution est impossible. On dit : «**être dans ses petits souliers**», mais non : «**être dans ses petites chaussures**» ;

b) pour les emplois réguliers des mots. Tantôt la substitution est inacceptable, et tantôt elle produit une différence dans la signification. On dit : «**faire régner la terreur**», mais non : «**faire régner la frayeur**».

Synonymie, périphrase et niveaux de langage[8]

Il est possible de représenter un objet par des périphrases. Ainsi, si tu veux éviter de répéter le mot **Paris,** remplace-le par **capitale de la France, Ville-lumière** ou **grande métropole française.** C'est là le cas d'une **synonymie référentielle :** l'objet donné demeure identique, mais les propriétés qui lui sont attribuées sont à chaque fois différentes.

Les mots ou expressions désignant une même réalité varient aussi selon les groupes sociaux et les situations de communication. Ainsi, selon le niveau de langage, tu pourras :

— donner un **soufflet** (langage soutenu) ;
— donner une **gifle** (langage courant) ;
— flanquer une **taloche** (langage familier).

2. ANTONYMES[9]

Si la soupe est chaude, il s'ensuit qu'elle n'est pas froide ; mais si elle n'est pas froide, il ne s'ensuit pas nécessairement qu'elle soit chaude : elle peut fort bien n'être ni froide ni chaude, c'est-à-dire tiède. Autrement dit, la négation du terme B n'implique pas l'affirmation du terme A. Des couples de contraires comme **chaud** et **froid** sont appelés des antonymes.

8. Tiré de *Comment apprendre le vocabulaire,* niveau 3, Larousse, pp. 32-33.
9. Tiré de *Comment apprendre le vocabulaire,* niveau 3, Larousse, p. 22.

Les antonymes admettent toutes les marques de degré : **plus grand, moins grand, assez grand, très grand...** et ils indiquent des qualités relatives. La qualité marquée positivement ou négativement se définit par rapport à une valeur moyenne, qui peut varier selon les objets ou selon les opinions : **un petit éléphant est petit par rapport aux éléphants, mais grand par rapport à certains animaux.**

Dans un couple d'antonymes, l'un des deux termes est généralement associé à un jugement favorable :

Pierre est **intelligent, rapide, travailleur.**

Pierre est **bête, lent, paresseux.**

Les contraires peuvent s'obtenir :

a) **par la négation syntaxique** «**ne... pas**», portant sur le groupe verbal et qui, tout en étant toujours possible, produit une modification sémantique régulière :
   Il est intelligent. Il n'est pas intelligent ;

b) **par la négation lexicale :**
   — **par substitution d'un antonyme :**
      Il est **intelligent.** Il est **bête, sot, stupide ;**
   — **par préfixation :**
      Il est **intelligent.** Il est **inintelligent.**
      Choisir la **violence.** Choisir la **non-violence.**
      Organiser... Désorganiser...

N.B. Les deux négations lexicales ne sont pas simultanément disponibles pour tous les mots du vocabulaire, ainsi :
   chaud et **grand** ne peuvent être niés par préfixation ;
   discret, utile, juste n'admettent que la négation par préfixation (**indiscret, inutile, injuste**) ;
   insatiable n'a pas d'équivalent positif.
   Un mot peut admettre plusieurs contraires lexicaux dont chacun correspond à l'un des homonymes de ce mot :

	homonymes		
une chemise	**propre**	une chemise	**malpropre**
un mot	**propre**	un mot	**impropre**
un homme	**poli**	un homme	**malpoli**
une surface	**polie**	une surface	**rugueuse**

3. HOMONYMES[10]

Marche, couvent, poste, ou **fier** sont des formes graphiques qui correspondent à plusieurs mots distincts:

Les poules **couvent** dans le **couvent** depuis hier.

Il est fidèle à son **poste;** Jeanne est allée à la **poste.**

Fais attention à la **marche;** elle **marche** dans la forêt.

Il est tellement **fier** de ses biceps! On ne peut pas se **fier** à lui.

Ces mots n'apparaissent pas dans les mêmes contextes, ne peuvent pas être remplacés par les mêmes mots et n'ont pas le même sens. Ces mots sont des **homonymes.** Ainsi, il est impossible de reconnaître le sens de ces mots, sans avoir analysé la phrase où ils sont employés.

D'une façon générale, les homonymes se divisent en deux groupes:

a) les **homophones:** ce sont des mots qui se prononcent de la même manière, mais qui sont radicalement différents par la signification et les règles d'emploi. Ces homophones sont nombreux dans la langue française et ils ont généralement des orthographes distinctes qui permettent de ne pas les confondre à l'écrit. Ainsi, la suite phonétique correspond à six mots différents:

— **vert:** Ce bois est trop **vert** pour chauffer.

— **verre:** Un **verre** de cristal; un **verre** de vin.

— **ver:** Le **ver** de terre est utile pour la pêche à la truite.

— **vers:** Les octosyllabes sont des **vers** de huit syllabes.

— **vers:** Les voitures se dirigeaient **vers** Ottawa.

— **vair:** Cendrillon avait perdu sa pantoufle de **vair.**

b) les **homographes:** ce sont des mots qui s'écrivent de la même manière; on ne peut donc les distinguer par l'orthographe.

— Certains homographes sont en même temps homophones:

mémoire: Cet accident lui a fait perdre la **mémoire.**

mémoire: On a présenté un **mémoire** au ministre de l'Agriculture.

— D'autres homographes correspondent à des prononciations distinctes, par exemple **couvent** dans la phrase: Les poules **couvent** dans le **couvent** depuis hier.

---

10. Tiré de *Comment apprendre le vocabulaire,* niveau 3, Larousse, p. 22.

4. **PARONYMES**

Si les homonymes amènent des confusions orthographiques, les **paronymes** provoquent des méprises de sens en trahissant la pensée de ceux qui les emploient. Ce sont les mots qui se ressemblent par l'écriture, la prononciation, la sonorité : **collision** et **collusion, précepteur** et **percepteur, conversation** et **conservation, circoncire** et **circonscrire, venimeux** et **vénéneux,** etc.

Formation des mots

Du besoin de nommer, de désigner des objets, des actions, des sentiments, des idées, naissent des mots possédant **racine, préfixe** et **suffixe** : c'est le phénomène de la **formation des mots.**

Cet ensemble de mots nés d'un étymon commun **forme** une **famille morphologique ou étymologique,** conduisant ainsi à une forêt de familles morphologiques.

Avec le besoin de désigner des réalités nouvelles, au lieu de créer sans cesse des mots nouveaux, on étend la signification des mots déjà existants, et parce que ces mots ont des sens divers, il s'opère des rapprochements de sens entre des mots de diverses familles morphologiques pour en arriver à **former** des **familles sémantiques** (sens) ; et s'il s'agit d'une association d'idées, on assiste à la **formation** de la **famille analogique.**

Voici comment tu procèdes pour **former** les mots :

1. **Formation du nom** — L'élément de base peut être :
   a) un **ADJECTIF** :
   Cet effort est **inutile.** → L'**inutilité** de cet effort...
   Il est **élégant.** → Son **élégance**...
   b) un **VERBE** :
   On a **construit** le pont. → La **construction** du pont...
   L'oeil est **enflé.** → L'**enflure** de l'oeil...
   Diriger → **direction** (nom abstrait) ; → **directeur** (nom d'agent)
   Rédiger → **rédaction** (nom abstrait) ; → **rédacteur** (nom d'agent)
   c) **un autre NOM** :
   chemise → **chemisier** (métier)
   poire → **poirier** (arbre)
   encre → **encrier** (récipient)
   chêne → **chênaie** (ensemble)
   assiette → **assiettée** (contenu)
   tour → **tourelle** (diminutif)
   nerf → **névrose** (maladie)

2. **Formation de l'adjectif** — L'élément de base peut être :

a) un **NOM :**

Une voiture **de France** ⟶ Une voiture **française**
Le revenu **de la nation** ⟶ Le revenu **national**

b) un **VERBE dans une proposition relative :**

Une personne **qui parle deux langues** ⟶ Une personne **bilingue**
Un geste **qui menace** ⟶ Un geste **menaçant**
Un tissu **qui peut être lavé** ⟶ Un tissu **lavable**

3. **Formation du verbe** — L'élément de base peut être :

a) un **NOM :**

Faire des **rations.** ⟶ **rationner**
Faire le **serpent.** ⟶ **serpenter**
Se poser sur la **mer.** ⟶ **amerrir**

b) un **ADJECTIF ;** au groupe **être, rendre** ou **devenir** + **adjectif** se substitue un verbe formé à l'aide d'un suffixe :

Être **bavard.** ⟶ **bavarder**
Rendre **fertile.** ⟶ **fertiliser**
Devenir **bleu.** ⟶ **bleuir**
Rendre **triste.** ⟶ **attrister** (parasynthèse)

c) un **VERBE ;** le dérivé est alors un diminutif du verbe de base et peut prendre une valeur péjorative :

taper + **oter** ⟶ **tapoter**
rêver + **asser** ⟶ **rêvasser**
gratter + **ouiller** ⟶ **grattouiller**

4. Formation d'un **ADVERBE** — L'élément de base peut être :

a) un **ADJECTIF,** habituellement à la forme féminine :

franc ⟶ **franchement**
long ⟶ **longuement**
sec ⟶ **sèchement**

b) un **ADJECTIF** sans suffixe :

frapper **fort**

c) une **PRÉPOSITION :**

Il marchait **devant** la troupe. ⟶ Il marchait **devant.**

Activités de synthèse ─────────────────────

Les **activités de synthèse** suggérées dans cette section ont pour but de te permettre de faire une synthèse du vocabulaire étudié pendant l'exploitation du thème.

De plus, ces activités t'amènent à faire un certain **réinvestissement** des mots de vocabulaire étudiés pendant l'exploitation du thème.

1. TEXTES

Ces textes, comme le texte d'amorce, sont exploités au point de vue :
a) du vocabulaire (mots, expressions et locutions) ;
b) de la compréhension.

Lors de cette exploitation, il te sera possible de revenir sur :
a) le sens des mots, des expressions et des locutions ;
b) la formation des mots ;
c) les familles de mots ;
d) les préfixes et les suffixes ;
e) les synonymes, les antonymes, les paronymes et/ou les homonymes.

2. DICTÉES

Ce sont des dictées de phrases à trous et de textes à trous qui permettent de vérifier ta capacité de retenir un certain nombre de mots étudiés au cours de l'étude du thème.

3. RÉDACTION

C'est dans la rédaction que tu auras la chance de réinvestir ou d'utiliser les mots, les expressions et les locutions acquis pendant l'étude du thème.

Que ce soit dans la rédaction de phrases ou dans la rédaction qui requiert plus de créativité, plus de réflexion, plus de logique, **tu dois te référer constamment aux mots du lexique** (noms, adjectifs, verbes et adverbes) ainsi qu'**aux expressions et aux locutions.**

4. JEUX ÉDUCATIFS

Tous les jeux éducatifs qui te sont proposés, que ce soit les mots croisés, les mots mystères, les grilles, etc., exploitent les mots du lexique et constituent une activité de synthèse et de réinvestissement.

Lexique[11]

Les mots, véhicules nécessaires des concepts, sont les instruments qui permettent aux hommes de prendre une connaissance claire de l'univers, et par conséquent d'y vivre et d'agir sur lui. Or, l'expérience que nous avons de l'univers étant infinie, le problème central du lexique est donc celui-ci : comment décrire l'infini à l'aide du fini ? La réponse, impliquée dans la question, est que les mots, signes linguistiques, signifiant et signifié, fournissent à la fois des catégories de pensées intermédiaires entre l'unité globale et l'infinie diversité, et le moyen phonique de les identifier.

C'est dire que tout mot est une abstraction. Et cette abstraction essentielle du langage peut être rendue sensible, même à des enfants, en leur montrant des objets ou des images d'objets fort différents entre eux quoique portant le même nom.

Il y a, dans le découpage de la réalité par le lexique de chaque langue, des faits de nature et des faits de culture... Toute invention d'un objet nouveau, toute élaboration d'un concept nouveau appelle un remaniement lexical : spécialisation ou extension d'un mot déjà existant, emprunt d'un mot étranger ou exotique, ou création d'un néologisme.

Les lexiques représentent en somme l'univers tel que peuvent le connaître des êtres humains intégrés dans des groupes culturels comparables sur certains points fondamentaux, non incapables d'intercompréhension et pourtant extrêmement divers à bien des égards. C'est pourquoi il faut, pour comprendre pleinement un mot, bien connaître la culture dans laquelle s'insère le concept auquel il sert de support.

On conviendra d'appeler **lexique** l'ensemble des mots utilisés par un locuteur donné dans des circonstances données. Le **lexique** est une réalité de langue à laquelle on ne peut accéder que par la connaissance des **vocabulaires** particuliers qui sont une réalité de discours. Le **lexique** transcende les vocabulaires mais n'est accessible que par eux : un **vocabulaire** suppose l'existence du **lexique** dont il est un échantillon. Il est extrêmement difficile, voire impossible de dénombrer les mots qui composent le **lexique** d'une langue, pour la raison que le nombre de ces mots, tout en étant fini, est sujet à des enrichissements et à des appauvrissements, donc illimité.

---

11. Tiré de : J. PICOCHE, *Précis de lexicologie,* Nathan, pp. 30-41, pp. 45-46.

THÈMES
À
L'ÉTUDE

LES SPORTS

AMORCE

CONSEILS D'UN ATHLÈTE

Ceux qui suivent l'actualité sportive savent que je suis un coureur à pied, plus précisément un coureur de fond et de demi-fond. Mais c'est presque par hasard que je suis venu à l'athlétisme, après avoir pratiqué le football, qui reste ma
5 passion. Je ne me suis pas spécialisé avant l'âge de seize ans.

Je suis convaincu qu'un jeune doit essayer le plus de sports possible pour pouvoir choisir, en définitive, celui qui lui convient le mieux, qui se trouve le mieux adapté à son tempérament et à ses aptitudes. Chacune des activités sportives
10 auxquelles je me suis livré avant ma spécialisation m'a donné la clef d'un monde nouveau, et j'y ai trouvé la possibilité de tirer le meilleur de moi-même et de me perfectionner sans cesse.

C'est en exerçant ma volonté que je l'ai développée, et croyez-moi, il en faut pour devenir un champion.

15 J'ai commencé à m'entraîner sérieusement pour la course à pied sur les conseils de ma mère, qui s'est toujours intéressée de fort près à ma carrière sportive. À cette époque-là, j'exerçais le métier de typographe : je n'avais qu'une demi-heure par jour à consacrer à mon entraînement, il fallait une heure un quart de
20 métro pour aller au stade, autant pour en revenir. Je me couchais rarement avant 23 h 30 et je devais être debout le lendemain à 6 heures pour reprendre le travail à 7 h 30. J'ai connu ce régime jusqu'à ce que je devienne champion de France en 1956, à l'âge de vingt ans.

25 Ce fut dur, mais je ne le regrette pas. Les satisfactions que j'ai tirées, non pas seulement de mes succès en compétition, mais de l'exercice même de l'athlétisme conçu comme un jeu, m'ont largement payé de mes peines.

Que vous choisissiez un sport collectif, avec l'ambiance
30 chaleureuse et l'esprit de solidarité qui règne entre les membres d'une même équipe, ou un sport individuel, avec ses joies plus austères et plus personnelles — moi, par exemple, j'aime la nature par-dessus tout et la course à pied me permet d'en profiter quotidiennement — de toute façon l'exercice de ce
35 sport vous permettra de développer votre personnalité sur le plan physique comme sur le plan moral.

Dites-vous bien que la réussite dans le sport dépend autant,
40 sinon plus, de l'entraînement auquel vous vous astreindrez,
c'est-à-dire de votre volonté et de votre force d'âme, que de vos
dons physiques naturels. Et si vous désirez pratiquer un sport
avec modération, pour vous «désintoxiquer» comme le font
certains de mes amis universitaires et pour vous délasser de vos
45 études, vous tirerez de l'exercice de ce sport des bienfaits
considérables.

«Mens sana in corpore sano», une âme saine dans un corps
sain, voilà ce que vous devrez certainement à la pratique
continue et rationnelle de votre sport favori.

Michel JAZY, *Album des jeunes,* Sélection du Reader's Digest (Canada) Ltée, 1966,
p. 233.

COMPRÉHENSION ET VOCABULAIRE

1. **Dans quel sport Michel Jazy est-il devenu champion? En quelle année? À quel âge?** (15-24)
2. **Nomme un autre sport mentionné dans ce texte.** (4)
3. **Quel métier Michel Jazy exercait-il avant de devenir champion de course?** (18)
4. **Quelle(s) différence(s) vois-tu entre un sport individuel et un sport collectif?** (29-33)
5. **Que faut-il pour réussir dans le sport?** (40-42)
6. **Trouve un synonyme de *groupe*.** (31)
7. **Trouve un antonyme de *individuel*.** (29)
8. **Peux-tu trouver deux autres antonymes?** (36)
9. **Trouve un mot de la même famille que *course*.** (2)
10. **Quel nom peux-tu former à partir de chacun des verbes suivants?**
    a) entraîner (19)   b) satisfaire (25)   c) réussir (39)
11. **Quel mot désigne un lieu où se pratiquent certains sports?** (20)
12. **Quelle expression populaire peux-tu trouver à la fin de ce texte?** (47)
13. **À partir du nom *France,* forme un autre mot en te servant d'un suffixe.**
14. **À partir du nom *jeu,* forme un autre mot en te servant d'un préfixe.**

VOCABULAIRE ANALOGIQUE

1. **Comment s'appelle celui qui...**
   a) prend soin de l'état physique d'un athlète?
   b) est le porte-bonheur d'une équipe?
   c) fait appliquer les règles d'un sport?
   d) prend la place d'un autre joueur?
   e) encourage une équipe exclusivement?
   f) pratique un sport comme loisir?
   g) est opposé à un autre?
   h) organise ou surveille les épreuves sportives?
   i) pratique un sport comme métier?
   j) vient s'ajouter à une équipe?

---

partisan — recrue — amateur — soigneur — remplaçant —
adversaire — mascotte — arbitre — officiel — professionnel

---

2. **Quel est le terme précis pour désigner les articles suivants?**
   a) chaussure de gymnastique
   b) partie du vêtement qui protège la poitrine
   c) carré d'étoffe porté par les joueurs et qui indique leur numéro
   d) vêtement collant qui couvre le haut du corps
   e) partie de l'équipement qui protège les jambes

---

dossard — maillot — plastron — espadrille — jambière

---

3. **Comment se nomme...**
   a) l'estrade où ont lieu les combats de boxe, de lutte?
   b) une piste pour les courses cyclistes?
   c) un lieu où les joueurs se rencontrent entre les engagements (pendant la période de repos)?
   d) un lieu destiné à des manifestations sportives?
   e) un lieu où l'on se livre aux exercices du corps?

---

stade — vélodrome — ring — vestiaire — gymnase

44

4. **Donne cinq mots qui te sont inspirés par chacun des mots suivants.**
   a) hockey
   b) équitation
   c) flèche
   d) natation

FAMILLES DE MOTS

1. **Complète les phrases à l'aide des mots de même famille.**

plonger — plongeur — plongeoir — plongeon

   a) Le scaphandrier est un (...) .
   b) Le gardien de but a dû exécuter un (...) pour arrêter cette rondelle.
   c) Le (...) est une plate-forme d'où l'on plonge.
   d) (...) c'est s'enfoncer complètement dans l'eau.

2. **Complète les phrases à l'aide des mots de même famille.**

patins — patineurs — patinage — patiner — patinoire

   a) Le (...) est un sport de plus en plus populaire.
   b) Les (...) exécutent des mouvements gracieux sur la (...) .
   c) C'est agréable de (...) au son de la musique.
   d) De nos jours, les (...) sont très dispendieux.

3. **Complète les phrases à l'aide des mots de même famille.**

fart — farter — fartage

   a) Le (...) est une opération importante lorsqu'on se prépare pour une randonnée en ski de fond.
   b) Le choix du (...) dépend de la température.
   c) Il faut (...) les skis avec soin.

4. **Complète les phrases à l'aide des mots de même famille.**

> victoire — vaincre — vaincus — vainqueur —
> victorieux — victorieusement

a) À (...) sans péril, on triomphe sans gloire.
b) Le (...) a été longuement applaudi.
c) L'équipe canadienne a remporté la (...) .
d) Les (...) sont allés féliciter les champions.
e) Sur le podium, cet athlète avait un air (...) .
f) Jules César combattit (...) les Gaulois, sauf ceux du petit village que nous connaissons bien.

5. **Complète les phrases à l'aide des mots de même famille.**

> alpin — alpinisme — alpiniste

a) L' (...) est un sport dangereux.
b) Nancy Greene est une professionnelle du ski (...) .
c) L' (...) E. Hillary atteignit le sommet de l'Éverest en 1953.

SENS DES MOTS

1. **Trouve, dans le lexique à la page 68, le nom qui correspond à chacune des définitions suivantes. La première lettre du mot t'est donnée.**
   a) descente à skis consistant en une succession de virages (s...)
   b) programme des rencontres sportives (c...)
   c) mise hors de combat à la boxe (k...)
   d) sorte de projectile que lancent les athlètes (d...)
   e) montre de précision (c...)
   f) professionnel qui monte les chevaux de course (j...)
   g) accélération d'un coureur près du but (s...)
   h) morceau de liège garni de plumes qu'on lance avec une raquette (v...)
   i) aviron court que l'on manie sans le fixer sur l'embarcation (p...)
   j) au base-ball, celui qui joue derrière le marbre (r...)

2. **À l'aide de ton dictionnaire, trouve les différents sens de chacun des mots clés.**

1) ADRESSE

a) habileté dans les mouvements du corps

b) inscription sur une lettre

c) indication du domicile d'une personne

d) expression des voeux d'un groupe

1) Cette adresse est illisible.

2) Je vais te donner mon adresse.

3) Les élèves ont présenté une adresse à leur professeur.

4) Cet athlète a beaucoup d'adresse.

2) SERVICE

a) état de domestique

b) ensemble des plats servis à table dans un ordre donné

c) aide, assistance

d) assortiment de vaisselle

e) cérémonies, prières pour un mort

f) mise au jeu de la balle

1) Tu m'as rendu un grand service.

2) Le service funèbre aura lieu à 16 heures.

3) Ce joueur de tennis rate rarement son service.

4) Ce domestique est au service de la famille Landry depuis plusieurs années.

5) Dans ce restaurant, le service est très rapide.

6) Mme Thériault a reçu un service en porcelaine pour son anniversaire.

3) PANIER

a) ustensile d'osier, de jonc, etc. qui sert à transporter les provisions

b) but au basket-ball

c) personne dépensière

d) voiture cellulaire employée au transport des prisonniers

e) groupement d'individus qui cherchent à se nuire

1) Au basket-ball, un panier peut valoir un ou deux points.

2) La voisine est un vrai panier percé.

3) Ce groupe est un véritable panier de crabes.

4) Il ne faut pas mettre tous ses oeufs dans le même panier.

5) Les policiers se sont servis du panier à salade.

4) COURSE
   a) épreuve de vitesse
   b) achat, commission
   c) démarches, allées et venues

1) Ma mère est allée faire des courses.
2) Il a dû faire plusieurs courses avant de signer ce contrat.
3) Il s'entraîne pour gagner cette course.

5) PARTIE
   a) portion d'un tout
   b) divertissement
   c) chacune des voix d'une composition musicale
   d) totalité des points qu'il faut faire pour qu'un des joueurs ait gagné

1) Je suis invité à une partie de pêche.
2) L'Asie est une partie du monde.
3) J'aime bien jouer une partie de cartes.
4) Ce chant fut exécuté en quatre parties.

6) PERCHE
   a) sorte de poisson
   b) personne grande et mince
   c) tige longue et mince

1) Ce garçon est une vraie perche.
2) Ce sauteur a cassé sa perche.
3) Cette perche est délicieuse.

7) PISTE
   a) trace laissée par un animal
   b) bande de terrain d'un aérodrome
   c) terrain aménagé pour des courses
   d) chemin rudimentaire

1) La piste de ski de fond.
2) L'avion atterrit sur la piste.
3) Il y a 10 chevaux sur la piste.
4) Il y avait des pistes d'orignal autour du chalet.

8) FAUTE
   a) manquement à la morale
   b) manquement aux règles grammaticales
   c) maladresse

1) Le vol est une faute grave.
2) Ce joueur a fait une faute.
3) Cette dictée est criblée de fautes.

9) FILET
   a) tissu à larges mailles pour prendre les poissons
   b) résille pour retenir les cheveux
   c) fils tendus au milieu d'un terrain de jeu
   d) très petite quantité
   e) petite membrane sous la langue

   1) Un filet d'eau s'échappe du robinet.
   2) La cuisinière porte un filet.
   3) Le pêcheur lève ses filets.
   4) Ce service a touché le filet.
   5) En tombant il s'est déchiré le filet.

10) GLACE
   a) eau congelée
   b) rafraîchissement
   c) miroir
   d) vitre

   1) Je préfère la glace à la vanille.
   2) Il se regarde dans une glace.
   3) Veux-tu remonter la glace car il commence à pleuvoir?
   4) La glace nuit à la navigation.

3. **Choisis, d'après le sens de la phrase, la définition qui convient le mieux au mot en caractère gras.**
   a) L'**arc** de triomphe se situe à Paris.
      1) arme servant à lancer des flèches
      2) monument
      3) partie de cercle

   b) Il faut savoir tirer **avantage** d'une expérience.
      1) ce qui est utile
      2) supériorité
      3) point marqué au tennis

   c) Les pêcheurs hauturiers connaissent bien les **bancs** de Terre-Neuve.
      1) élévation du fond de la mer
      2) siège étroit et long
      3) amas de neige

d) Au hockey, c'est le **centre** qui procède à la mise au jeu.
   1) milieu d'un espace
   2) siège principal
   3) joueur qui est au milieu de la ligne d'attaque

e) Le **circuit** de Monaco est particulièrement difficile pour les coureurs automobiles.
   1) limite extérieure d'une ville
   2) chemin parcouru pour atteindre un endroit fixe
   3) itinéraire, route à suivre dans une épreuve sportive

f) Les **disques** de l'épine dorsale protègent les vertèbres.
   1) cartilage élastique
   2) plaque circulaire pour l'enregistrement
   3) pièce de métal plate et ronde que lancent les athlètes

g) Au base-ball, une balle attrapée à la **volée** entraîne le retrait du frappeur.
   1) ensemble de coups nombreux et consécutifs
   2) reprise d'une balle avant qu'elle ait touché terre
   3) distance qu'un oiseau parcourt sans se poser

h) La ville de Montréal possède plusieurs **rames** de métro.
   1) groupe de wagons
   2) des avirons
   3) réunion de feuilles de papier

i) Grâce à l'entraînement, les athlètes acquièrent une grande **résistance.**
   1) refus d'obéir
   2) plat principal d'un repas
   3) endurance physique

j) Les Expos ont marqué cinq points à la troisième **manche.**
   1) division d'un match de base-ball
   2) bras de mer
   3) partie du vêtement

4. **Remplace les mots en caractère gras par ceux du rectangle.**

> circuit — rudement — réglé — courbe — rondelle — frappé — roulant — partie — arrêt-court — filet — entraîner — gardien — marbre — partisans — chandelle — jambières — ralentissent leur élan — lancé — endurcis — lanceur

a) On l'a nommé pour **coacher** (...) cette équipe.

b) L'arbitre a vite **settlé** (...) cette escarmouche.

c) Soyez confiants : les **supporteurs** (...) sont là pour vous encourager.

d) Même s'ils jouent **rough** (...) , ils font face à des adversaires **tough** (...) .

e) Il ne faut pas qu'ils **slackent** (...) avant la fin de la **game** (...) .

f) Le premier frappeur s'approche de la **plate** (du) (...) avec nervosité.

g) Le **pitcher** (...) lança une **curve** (...) au frappeur qui expédia une **fly** (...) au joueur du deuxième but.

h) Il a **shooté** (...) le **puck** (la) (...) sur les **pads** (...) du **goaler** (...) et elle a ricoché dans le **net** (...) .

i) Le **short-stop** (L') (...) a facilement arrêté ce **grounder** (...) .

j) Il a **batté** (...) un **homerun** (...) .

EXPRESSIONS ET LOCUTIONS

1. **Complète chacune des expressions suivantes à l'aide du verbe approprié.**

> s'entraîner — jouer — gagner — nager — pratiquer — courir — assister — lancer — exécuter — sauter

a) (...) 1) du terrain
b) (...) 2) un grand danger
c) (...) 3) un plongeon
d) (...) 4) contre le courant
e) (...) 5) à la perche
f) (...) 6) un sport
g) (...) 7) chaque jour
h) (...) 8) à un match
i) (...) 9) à la balle
j) (...) 10) une flèche

2. **Donne le sens de chacune des expressions suivantes en te servant des définitions suggérées à droite.**

a) mettre des gants
b) entrer en exercice
c) mettre des bâtons dans les roues
d) monter en flèche
e) être de glace
f) jouer gros jeu
g) couper le sifflet à quelqu'un
h) lutter contre la tempête
i) avoir de la ligne
j) faire des courses dans les magasins

1) très vite
2) risquer beaucoup
3) mettre hors d'état de répondre
4) agir avec ménagement
5) faire effort pour vaincre un obstacle
6) être insensible
7) achats, commissions
8) entrer en fonction
9) avoir une silhouette fine, élégante
10) susciter des obstacles

PRÉFIXES ET SUFFIXES

PRÉFIXES

bi	— deux	micro	— petit
biblio	— livre	mono	— un, seul
em	— dans	semi	— à demi
en	— dans	super	— au-dessus de
mi	— moitié	tri	— trois

SUFFIXES

able — possibilité, qualité	atoire	— local, endroit
ail — sorte d'objet, instrument	eron	— métier
ais — nationalité	et	— diminutif
ois — nationalité	ette	— diminutif

1. **Préfixes**
   En te servant du mot en caractère gras dans chacune des définitions, comme indice, trouve dans le dictionnaire le mot qui signifie...

a) véhicule à **deux** roues utilisé dans un vélodrome
b) envelopper **dans** un maillot
c) nom donné à **trois** enfants nés d'un même accouchement
d) poser l'un **au-dessus de** l'autre
e) d'**une seule** pièce

2. Suffixes

a) On nous a annoncé que la piste était ski**able**.
Dans cette phrase, le suffixe ABLE signifie :
1) qui est possible
2) qui est dangereux
3) qui est agréable

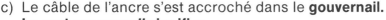

b) **Le suffixe ET n'a pas le sens de petit dans :**
1) coussinet
2) livret
3) effet

c) Le câble de l'ancre s'est accroché dans le **gouvernail**.
Le mot *gouvernail* signifie :
1) forme de gouvernement
2) instrument pour gouverner
3) capitaine de bateau

d) **Le suffixe OIS signifie nationalité. Alors comment se nomme celui qui habite :**
1) la Hongrie?   2) la Chine?   3) le Danemark?

e) **Dans le mot *Libanais*, le suffixe AIS signifie :**
1) endroit   2) nationalité   3) qualité

3. Préfixes et suffixes

a) **Dans le mot *bibliothèque*, le préfixe BIBLIO signifie :**
1) auteur   2) cahier   3) livre

b) **Dans le mot *imbattable*, le suffixe ABLE signifie :**
1) possibilité   2) habileté   3) nationalité

c) **Dans le mot *encadrer*, le préfixe EN signifie :**
1) avec   2) dans   3) sur

d) **Dans le mot *laboratoire*, le suffixe ATOIRE signifie :**
1) expérience   2) étude   3) lieu

e) **Dans le mot *bûcheron*, le suffixe ERON signifie :**
1) métier   2) outil   3) endroit

f) **Dans le mot *microphone*, le préfixe MICRO signifie :**
1) grand   2) petit   3) haut

g) **Dans le mot *fléchette*, le suffixe ETTE signifie :**
1) objet   2) sport   3) diminutif

h) **Dans le mot *semi-finale*, le préfixe SEMI signifie :**
1) à la fin   2) au début   3) à demi

i) **Dans le mot *soupirail*, le suffixe AIL signifie :**
1) passage   2) instrument   3) fenêtre

j) **Dans le mot *midi*, le préfixe MI signifie :**
1) moitié   2) entier   3) quart

SYNONYMES ET ANTONYMES

1. **Identifie un synonyme pour chaque mot de gauche.**
   a) habileté :   lourdeur, adresse, maladresse, incapacité
   b) adversaire :   allié, partenaire, opposant, ami
   c) souple :   agile, lourd, lent, engourdi
   d) brusquer :   soigner, louanger, rudoyer, amadouer
   e) partenaire :   coéquipier, concurrent, rival, compétition
   f) revers :   victoire, succès, triomphe, défaite
   g) jeu :   obsession, divertissement, labeur, tourment
   h) exercice :   mouvement, repos, pause, inaction
   i) grimper :   décliner, dévaler, escalader, glisser
   j) bévue :   faute, progrès, exactitude, précision

2. **Remplace le mot entre parenthèses par un synonyme contenu dans le rectangle.**

favori — feintes — instructeur — exploit — victorieuse — invaincue — ovation — résistance — infraction — décision

   a) (ruse)   Ses (...) font de lui un joueur spectacu-
                      laire.

   b) (gagnant)   L'équipe (...) retourna joyeusement au
                      vestiaire.

c) (préféré)	Il est vite devenu le (...) de la foule.
d) (délit)	En lui donnant un croc-en-jambe, il a commis une (...) .
e) (entraîneur)	L' (...) essaie de leur montrer quelques stratégies défensives.
f) (jugement)	La (...) de l'arbitre a été finale.
g) (imbattable)	Malgré les efforts des adversaires, cette équipe demeure (...) .
h) (prouesse)	Pour cette jeune nageuse, ce fut un véritable (...) que de battre ces champions.
i) (applaudissement)	Les sifflements de la foule se changèrent en une interminable (...) .
j) (endurance)	En se classant parmi les meilleures nageuses, elle a fait preuve d'une (...) remarquable.

3. **Identifie un antonyme pour chaque mot de gauche.**
   a) perdre : échouer, détruire, égarer, vaincre
   b) lenteur : ralentissement, engourdissement, rapidité, retard
   c) faible : résistant, docile, mou, maladif
   d) victoire : succès, gloire, revers, avantage
   e) coéquipier : partenaire, associé, rival, compagnon
   f) indifférence : modestie, ambition, satisfaction, simplicité
   g) amateur : admirateur, profane, professionnel, débutant
   h) hésitant : indécis, incertain, variable, décisif
   i) poursuivre : suivre, devancer, talonner, succéder
   j) insuccès : chance, malheur, échec, revers

4. **Remplace le mot entre parenthèses par l'antonyme approprié.**

   défensive — agiles — impartial — interrompre — finalement — divertissant — gagnante — agressif — junior — fougue

   a) (ennuyant) Ce jeu est très (...) .
   b) (offensive) Un joueur complet se préoccupe aussi de sa (...) .
   c) (engourdi) Les acrobates se doivent d'être souples et (...) .

d) (calme)	Ce jeune joueur démontre une (...) peu commune.
e) (injuste)	Un arbitre doit toujours demeurer (...) .
f) (senior)	Il n'a pas été repêché par aucune équipe étant d'âge (...) .
g) (poursuivre)	Tu risques une punition si tu te permets d' (...) inutilement le jeu.
h) (pacifique)	Cette équipe épate la foule grâce à son jeu (...) .
i) (D'abord)	(...) , après des efforts surhumains, la jeune nageuse mit pied sur l'autre rive.
j) (perdant)	L'instructeur de l'équipe (...) admit que la chance leur avait souri.

FORMATION DES MOTS

1. **Forme un nom à partir de l'adjectif en caractère gras.**
   a) un cheval **fougueux**   la (...) du cheval
   b) un lanceur **habile**   l' (...) du lanceur
   c) un avant **rapide**   la (...) de l'avant
   d) un joueur **agressif**   l' (...) du joueur
   e) un adversaire **victorieux** la (...) de l'adversaire
   f) un jeu **rude**   la (...) du jeu
   g) un esprit **agile**   l' (...) de l'esprit
   h) une nation **rivale**   la (...) d'une nation

2. **Trouve un adverbe à partir de la définition donnée.**
   Ex. : de façon arbitraire — *arbitrairement*
   a) avec rapidité
   b) de façon victorieuse
   c) qui a un caractère d'agression
   d) de façon ambitieuse
   e) de façon rude
   f) en vertu des règlements
   g) de façon pratique
   h) avec habileté

3. **En te servant de ton lexique à la page 68, trouve les verbes correspondant à chaque définition.**
   a) pratiquer le ski
   b) juger en qualité d'arbitre
   c) traiter favorablement
   d) traiter rudement
   e) tromper l'adversaire
   f) montrer de l'habileté, soutenir, protéger
   g) remporter un avantage, un succès
   h) chercher à égaler ou à surpasser

4. **À partir du mot donné, fournis les trois autres sortes de mots de la même famille (nom, adjectif, verbe ou adverbe).**
   a) règlement   c) défensif
   b) rudoyer   d) ambitieusement

«Le mot, qu'on le sache, est un être vivant,
Tel mot est un sourire et tel autre un regard!»

(Victor Hugo)

«Quelle que soit la chose qu'on veut dire, il n'y a qu'un mot pour l'exprimer, qu'un verbe pour l'animer et qu'un adjectif pour la qualifier.»

(Guy de Maupassant)

TEXTES

UN GANT DE VOLTIGEUR POUR CHRISTIAN

Deux semaines encore avant son anniversaire de naissance. Il aura 14 ans. Mais, il sera alors au camp. Aussi, nous avons décidé de lui donner son nouveau gant avant son départ.

Il nous a beaucoup parlé du gant qu'il voulait, mais il ne
5 pensait pas vraiment qu'il allait l'avoir. Le prix l'avait ennuyé. Je fus ennuyé aussi lorsque j'appris combien il coûtait.

C'est un modèle des ligues majeures. Même s'il n'a que 14 ans, Christian est un joueur de grand calibre, en esprit sinon physiquement. Et même si c'est un gant coûteux, je me suis dit
10 qu'il en valait la peine. Surtout pour Christian.

«Oh! dit-il, quand il a ouvert la boîte. C'est exactement le modèle que je voulais. Avec un laçage à l'extrémité des doigts. Merci mille fois!» Son visage et sa voix exprimaient mieux ses remerciements, que ses paroles. Et pendant les trois heures qui
15 suivirent, le gant est resté à sa main!

Christian et son frère, Nicolas, jouent souvent à se lancer la balle après le souper. Puis, quand vient le temps d'aller au lit, je vais les rejoindre pour leur souhaiter bonne nuit. Ils sont déjà couchés, leur gant de base-ball à la main.
20 Nicolas regarde son propre gant qui est plus vieux. «Je ne l'échangerais pas pour aucun nouveau gant au monde, dit-il. Avec le temps, il a pris la forme de ma main.» Christian regarde la boîte qui contenait le sien. «Fabriqué au Canada, dit-il. Mon gant a été fait au Canada.» Il rit, puis ajoute : «La balle aussi. Tout
25 a été fait au Canada!»

Je sors sous le porche pour respirer l'air frais. Quelle part importante le base-ball occupe dans leur vie! Avec le monde de la maison et le monde de l'école, le base-ball est réellement leur troisième monde. Peut-être même ce troisième monde est-il
30 celui qu'ils aiment le mieux? Ceci m'inquiète un peu et je commence à réfléchir. Le base-ball est-il vraiment bon pour les garçons? Est-il plus qu'un simple amusement?

Nous n'avons jamais vécu dans une ville qui ait une «petite ligue» de base-ball. Aussi, la plupart de leurs parties se jouent-
35 elles avec les camarades du voisinage. Le base-ball est le premier jeu d'équipe que les garçons ont pratiqué sans notre aide. Pour la première fois de leur vie, ils ont dû obéir aux règles

du groupe. Les règles qu'ils suivent ne sont pas faites par les parents ni par les professeurs, mais par eux-mêmes. Ils discutent souvent à propos de ces règles, mais ils savent qu'elles sont nécessaires.

Ces premières parties leur enseignent bientôt un nouveau mot: sport ou sportif. On ne pleure pas quand on est retiré au bâton. On ne se met pas en colère quand on échappe un long ballon. On ne blâme pas les autres pour ses erreurs.

Mais les garçons découvrent d'autres choses tout aussi importantes. On ne passe pas son temps à parler avec orgueil de ses coups de circuit. On peut être heureux quand l'équipe réussit un double jeu. On peut même être fier d'un coup retenu sacrifice qui permet à un coéquipier de marquer un point. Mais on apprend surtout à donner le meilleur de soi à l'équipe.

Plus ils vieillissent, plus ils jouent durement et, plus souvent ils reviennent à la maison avec des bosses et des meurtrissures. Les terrains qu'ils utilisent sont remplis de cailloux, de souches et de buissons. Un mauvais bond de la balle peut faire perdre une partie. Et il leur semble injuste de perdre sans en être responsables. Ils ont changé de terrain, mais la balle fait encore de mauvais bonds, contre les deux équipes!

Un matin, Christian nous raconte joyeusement sa chance de la veille, au bâton. Alors je crois bon de lui signaler l'une des premières règles du base-ball.

«N'oublie pas, lui dis-je, que les succès d'hier ne gagnent pas la partie d'aujourd'hui.» Il garde le silence pendant un moment. «C'est une bonne règle», dit-il.

J'ai aussi remarqué un changement dans la façon dont ils ressentent la victoire. Naturellement, ils aiment gagner. Toutefois, ils trouvent bientôt qu'ils ne peuvent pas gagner toutes les parties. Ils commencent à comprendre qu'un bon joueur est plus qu'un joueur gagnant.

Aussi, les garçons se choisissent-ils des amis selon le type de joueurs qu'ils sont. Au lieu du genre de voiture ou de maison que leurs parents possèdent, leur couleur ou leur race, ils veulent savoir quelle sorte de coéquipiers ils font. Sera-t-il un autre Babe Ruth ou un autre Bob Feller?

J'entre au salon où ma femme est assise. «Que faisais-tu? demande-t-elle.

— Je pensais au base-ball.

— Toi et les garçons, vous ne pensez qu'à ça.»

Mais elle souriait quand elle le disait, comme la mère de
80 futures vedettes.

«Parfois je ne m'inquiéterais pas, si je n'avais que cela à penser, répondis-je.

— L'ennui avec le base-ball, dit-elle, c'est que ça ne ressemble pas tellement au monde réel.

85 — Pardon, lui dis-je. L'ennui, c'est justement que le monde réel ne ressemble pas assez au base-ball.»

La lumière était encore allumée dans la chambre des garçons, mais ils étaient endormis. Le gant de Nicolas était sur le plancher. Christian avait remis le sien dans sa boîte, là, sur
90 sa table de chevet. Son visage était encore tourné vers son nouveau gant. J'étendis le bras pour éteindre la lumière.

Savoir lire, niveau 4, livret A, Sélection du Reader's Digest (Canada) Ltée, 1973, p. 90-94.

COMPRÉHENSION

1. **Quel sport pratiquaient les deux garçons du texte?** (19)
2. **Qu'avait demandé Christian pour son anniversaire de naissance?** (3)
3. **À partir des règles que les jeunes se sont données à suivre, qu'est-ce qu'un joueur doit apprendre à donner?** (51)
4. **Quelle règle son père lui donna-t-il?** (62-64)
5. **Où ont été fabriqués le gant et la balle de Christian?** (23-25)
6. **Est-ce que Christian et Nicolas jouent dans une ligue organisée?** (33-35)
7. **Du fait que les enfants ne peuvent gagner toutes les parties, qu'est-ce que Christian et Nicolas commencent à comprendre?** (67-69)

VOCABULAIRE

1. **Trouve, à l'aide du dictionnaire, le sens des mots suivants:**
   a) calibre
   b) extrémité
   c) porche
   d) coéquipier
   e) souche

2. **Quel verbe peux-tu former à l'aide de chacun des noms suivants?**
   a) joueur
   b) vie
   c) discussion
   d) enseignement
   e) réflexion

3. **Trouve cinq mots suggérés par le mot *base-ball*.**

4. **Remplace le mot en caractère gras par un synonyme que tu trouveras dans le texte.**
   a) C'est un gant **cher**.
   b) Un laçage **au bout** des doigts.
   c) Les **réussites** d'hier ne gagnent pas la partie d'aujourd'hui.
   d) Christian et son frère, Nicolas, jouent souvent à **s'envoyer** la balle.
   e) Christian est un joueur de **grande qualité**.

5. **Remplace le mot en caractère gras par un antonyme que tu trouveras dans le texte.**
   a) Le base-ball est le premier jeu **individuel** que les garçons ont pratiqué sans notre aide.
   b) J'ai aussi remarqué un changement dans la façon dont ils ressentent la **défaite**.
   c) C'est un modèle des ligues **mineures**.
   d) On peut être fier d'un coup retenu sacrifice qui permet à un **adversaire** de marquer un point.
   e) Ils commencent à comprendre qu'un bon joueur est plus qu'un joueur **perdant**.

6. **Dans le cinquième paragraphe, trouve trois noms auxquels on peut ajouter le préfixe *mi* ou *demi*.**

7. **Quel suffixe y a-t-il dans le mot *responsable*?**

8. **Dis, en tes propres mots, ce que signifie l'expression suivante:**
   «Les succès d'hier ne gagnent pas la partie d'aujourd'hui».

9. **Associe chaque mot à la bonne définition.**
   a) athlétisme   1) personne qui pratique l'athlétisme
   b) athlétique   2) relatif aux athlètes
   c) athlète   3) ensemble des sports individuels auxquels
                      se livrent les athlètes

«Des mots bien usés, des mots utiles qui sentaient l'assiette, le pain, l'huile, le linge et le feu de bois.»

(Henri Bosco)

«Les mots sont ces quelques feuilles qui créent l'illusion d'un arbre avec toutes ses feuilles.»

(Elsa Triolet)

LA GLOIRE DES JEUX OLYMPIQUES

Tu frémis à la vue des champions exécutant des sauts ou dévalant des pentes à une vitesse vertigineuse.

Tu t'émerveilles devant l'habileté, la grâce et l'endurance des champions de patinage, de natation, de plongeon et de gymnastique.

Tu admires nos meilleurs concurrents aux prises avec les meilleurs athlètes des autres pays.

Tu peux voir tout cela à tous les quatre ans et bien d'autres choses encore, grâce à la télévision. Elle te permet également d'avoir un siège au premier rang pour le spectacle des Jeux olympiques.

Si tu as un téléviseur-couleurs, tu as encore plus de chance, car tu peux admirer la beauté des couleurs qui défilent devant toi lors de la cérémonie d'ouverture.

On agite alors des drapeaux étincelants, des orchestres exécutent des airs de circonstance, la foule hurle devant le défilé des athlètes. Pays par pays, les groupes multicolores défilent. Ton coeur bat et se gonfle d'un certain orgueil lorsque tu aperçois les athlètes de ton pays.

Le point culminant de la cérémonie survient lorsqu'on allume la flamme olympique. Tu t'es peut-être déjà demandé pourquoi un coureur transporte une torche enflammée pour allumer ce flambeau.

Cette torche arrive directement de l'Olympe, en Grèce. On s'est relayé pour la porter jusqu'au pays où ont lieu les Jeux. On l'a transportée au-delà des océans par bateau ou par avion. Sa lumière est le symbole de la flamme qui brûlait aux premiers Jeux olympiques, en Grèce, il y a plus de 2 700 ans.

Quand a-t-on fait revivre les Jeux olympiques? Et qui l'a fait? C'est au sportif français, le baron Pierre de Coubertin, que l'on doit l'instauration des Jeux modernes.

De 1896 à 1925, il a dirigé les travaux du Comité olympique international. Il a créé la charte olympique, le credo, le serment des athlètes et les cérémonies d'ouverture et de clôture.

La devise des athlètes olympiques exprime leur idéal : «Plus vite, plus haut, plus fort». En se soumettant à la tension d'une dure compétition, ils croissent en force, en endurance et en discipline personnelle. Ils apprennent à respecter les gens de plusieurs pays et à collaborer avec eux. À chaque année

₄₀ olympique, leur credo leur rappelle que ce qui est important, ce n'est pas de gagner mais de participer. Le serment qu'ils prêtent les unit dans l'obéissance aux règlements des Jeux olympiques «dans le véritable esprit sportif, pour la gloire du sport et l'honneur de leur pays».

Savoir lire, niveau 6, livret B, Sélection du Reader's Digest (Canada) Ltée, 1974, p. 51-56.

COMPRÉHENSION

1. **Quel est le point culminant de la cérémonie d'ouverture des Jeux olympiques?** (20-21)
2. **D'où arrive la torche enflammée servant à allumer le flambeau?** (24-25)
3. **Qui a fait revivre les Jeux olympiques?** (30-31)
4. **Quelle est la devise des athlètes olympiques?** (35-36)
5. **Qu'est-ce que leur credo rappelle aux athlètes?** (39-41)
6. **Quelle est la signification du serment prêté par les athlètes?** (41-44)

VOCABULAIRE

1. **Trouve, à l'aide du dictionnaire, le sens des mots suivants.**
   a) culminant
   b) relayer
   c) charte
   d) idéal
   e) credo

64

2. **Quels noms peux-tu former à l'aide des verbes suivants?**
   a) courir
   b) instaurer
   c) endurer
   d) obéir
   e) ouvrir

3. **Que signifie le préfixe *en* dans *enflammée*?**

4. **Que signifie le suffixe...**
   a) *ais* dans *français?*
   b) *able* dans *véritable?*

5. **Trouve deux noms qui sont synonymes dans le septième paragraphe.**

6. **Trouve deux noms qui sont antonymes dans le dixième paragraphe.**

7. **Trouve dans le texte cinq mots qui te sont suggérés par le mot *sport*.**

DICTÉES

Phrases détachées

a) Ce (...) de (...) s'est blessé au genou lorsqu'il a voulu passer la (...) à un (...) afin de marquer un (...) .

b) L' (...) et l' (...) de cet (...) ont aidé son (...) à remporter le (...) .

c) Il a ramassé ses (...) , ses (...) , ses (...) et ses (...) dans le (...) après le (...) .

d) Les (...) de chaque pays défilèrent habillés de leur costume national.

e) Le (...) sortit son (...) et vérifia le temps pris par le (...) pour terminer son sprint. (Texte préparé par l'équipe)

UNE PARTIE DE HOCKEY

Les (...) sautent dans l' (...) d'un élan (...) jailli de leurs (...) . Leurs lames d'abord mordent la (...) d'un grincement sec; les yeux s'habituent à l'éclat des projecteurs et distinguent ici des admirateurs passionnés, là des vagues d' (...) bruyants. On longe après quelques tours de (...) le (...) des (...) . Derrière eux, l' (...) Noël arpente sa galerie comme un fauve en cage, distribuant conseils et mises en garde, rappelant les faiblesses et les (...) propres à l'adversaire.

65

La mise au jeu se prépare au centre, et s'alignent l' (...) front des 3 (...) , la paire massive et calme des (...) . Au coup de (...) , Jérémie a claqué le (...) vers son (...) droit; celui-ci se prépare à le recevoir, mais trop tard: le joueur (...) a déjà intercepté la (...) et renverse l' (...) .

J. BEAUGRAND et L. TURCOTTE, *Dossier: Les sports d'équipe,* Collection Balises, Librairie Beauchemin Ltée., 1972.

RÉDACTION

Choisis un sujet de rédaction parmi les trois sujets suivants.

a) **Compose cinq phrases sur les *sports*. Chaque phrase devra contenir au moins trois mots du lexique (page 68).**

b) **Toi qui es jeune, il t'est sûrement arrivé d'inventer un jeu avec tes amis. Décris-le-nous de ton mieux.**

c) **Quelqu'un te dit que le sport est inutile. Peux-tu, à l'oral, le convaincre du contraire?**

JEU ÉDUCATIF

Mot mystère

Mot de 10 lettres se rapportant aux Jeux olympiques

A	O	C	H	R	O	N	O	M	E	T	R	E	C	L
D	O	S	S	A	R	D	N	L	E	H	C	U	O	T
V	I	K	S	C	H	A	L	L	E	N	G	E	E	N
E	T	T	U	L	G	I	C	R	A	M	B	N	Q	E
R	E	L	G	E	R	Y	E	X	A	H	U	O	U	M
S	F	R	U	D	E	T	U	T	G	O	T	I	I	E
A	T	L	A	X	L	E	C	M	R	C	E	T	P	R
I	E	P	O	A	U	H	U	E	E	K	R	I	I	I
R	S	B	H	G	Y	M	N	A	S	E	I	T	E	A
E	P	A	U	L	I	E	R	E	S	Y	O	E	R	R
T	F	O	O	T	B	A	L	L	I	P	N	P	I	T
A	F	I	S	N	E	F	E	D	V	A	I	M	D	I
R	T	R	A	F	B	A	D	M	I	N	T	O	N	B
A	E	U	Q	I	T	E	L	H	T	A	A	C	S	R
K	R	E	N	I	A	R	T	N	E	E	P	S	A	A

adversaire	challenge	fart	lutte
agressivité	chronomètre	football	match
arbitrairement	coéquipier	fougueux	nage
arc	compétition	golf	patinoire
as	dossard	gymnase	règle
athlétique	défensif	haltère	rude
badminton	entraîner	hockey	set
boxe	épaulières	huée	ski
but	espadrille	karaté	touche

LEXIQUE

Noms

acrobate (un, une, l')
adresse (une, l')
adversaire (un, une, l')
agilité (une, l')
agressivité (une, l')
ailier (un, l')
alignement (un, l')
alpinisme (un, l')
alpiniste (un, une, l')
amateur (un, l')
ambition (une, l')
après-ski (un, l')
arbitrage (un, l')
arbitre (un, l')
arc (un, l')
archer (un, l')
arène (une, l')
arrêt (un, l')
arrêt-court (un, l')
arrière (un, l')
as (un, l')
athlète (un, l')
athlétisme (un, l')
attaque (une, l')
autodiscipline (une, l')
avant (un, l')
avantage (un, l')
aviron (un, l')

badminton (un, le)
balle (une, la)
ballon (un, le)
ballon-balai (un, le)
banc (un, le)
base-ball (un, le)
basket-ball
  (ballon-panier) (un, le)
basketteur (un, le)

bâton (un, le)
bicyclette (une, la)
blessé (un, le)
blessure (une la)
bobsleigh (un, le)
bolide (un, le)
boxe (une, la)
but (un, le)

calendrier (un, le)
camp (un, le)
canot (un, le)
casque protecteur (un, le)
centre (un, le)
challenge (un, le)
champion (un, le)
championne (une, la)
championnat (un, le)
chance (une, la)
chandail (un, le)
chronomètre (un, le)
chronométreur (un, le)
chronométrage (un, le)
circuit (un, le)
clôture (une, la)
coéquipier (un, le)
combat (un, le)
compétiteur (un, le)
compétition (une, la)
conditionnement (un, le)
coup (un, le)
courbe (une, la)
course (une, la)
court (un, le)
crampon (un, le)
cross-country (un, le)
crosse (une, la)
cubitière (une, la)

68

culotte (une, la)
curling (un, le)
cyclisme (un, le)
cycliste (un, une, le, la)

décision (une, la)
défaite (une, la)
défense (une, la)
défenseur (un, le)
défensive (une, la)
défi (un, le)
demi (un, le)
demi-finale (une, la)
départ (un, le)
développement (un, le)
dextérité (une, la)
disqualification (une, la)
disque (un, le)
divertissement (un, le)
dossard (un, le)
dragonne (une, la)

écart (un, l')
effort (un, l')
élimination (une, l')
éliminatoire (une, l')
endurcissement (un, l')
engagement (un, l')
enjeu (un, l')
entraînement (un, l')
entraîneur (un, l')
épaulière (une, l')
équipe (une, l')
équipement (un, l')
équipier (un, l')
équitation (une, l')
escrime (une, l')
espadrille (une, l')
essai (un, l')
exécution (une, l')
exercice (un, l')

exerciseur (un, l')
exploit (un, l')

fart (un, le)
fartage (un, le)
faute (une, la)
favori (un, le)
fédération (une, la)
feinte (une, la)
filet (un, le)
finale (une, la)
finaliste (un, une, le, la)
fixation (une, la)
flèche (une, la)
fléchette (une, la)
football (un, le)
formation (une, la)
forme (une, la)
fougue (une, la)
franc-jeu (un, le)
frappe (une, la)
frappeur (un, le)

gagnant (un, le)
gant (un, le)
gardien (un, le)
genouillère (une, la)
glace (une, la)
golf (un, le)
gymnase (un, le)
gymnaste (un, le)
gymnastique (une, la)

habileté (une, l')
habillement (un, l')
haltère (un, l')
haltérophile (un, l')
haltérophilie (une, l')
handball (un, le)
hippodrome (un, l')
hockey (un, le)
hockeyeur (un, le)

hors-concours (un, le)
hors-jeu (un, le)
huée (une, la)

infraction (une, l')
instructeur (un, l')
interception (une, l')
interruption (une, l')

jambière (une, la)
javelot (un, le)
jeu (un, le)
jockey (un, le)
joueur (un, le)
judo (un, le)
judoka (un, une, le, la)
juge (un, le)
jugement (un, le)
justesse (une, la)

karaté (un, le)
kayak (kayac) (un, le)
knock-out (un, le)

lancement (un, le)
lancer (un, le)
lanceur (un, le)
ligne (une, la)
ligue (une, la)
lutte (une, la)
lutteur (un, le)

maillot (un, le)
manche (une, la)
marbre (un, le)
marqueur (un, le)
mascotte (une, la)
masque protecteur (un, le)
match (un, le)
mêlée (une, la)
meneur (un, le)
mise en échec (une, la)

motocross (un, le)
motocyclette (une, la)
motocyclisme (un, le)
motocycliste (un, le)
mouvement (un, le)

nage (une, la)
nageur (un, le)
natation (une, la)

obstruction (une, l')
officiel (un, l')
olympiade (une, l')
opposant (un, l')
ovation (une, l')

pagaie (une, la)
pagayeur (un, le)
palestre (une, la)
panier (un, le)
parachute (un, le)
parachutisme (un, le)
parachutiste (un, le)
parcours (un, le)
partenaire (un, une, le, la)
partie (une, la)
passe (une, la)
patin (un, le)
patinage (un, le)
patineur (un, le)
patinoire (une, la)
pénalisation (une, la)
perche (une, la)
performance (une, la)
physique (un, le)
ping-pong
  (tennis de table) (un, le)
piscine (une, la)
piste (une, la)
placage (un, le)
plastron (un, le)

plongeoir (un, le)
plongeon (un, le)
plongeur (un, le)
pointage (un, le)
pratique (une, la)
professionnel (un, le)
prolongation (une, la)
prouesse (une, la)
pugiliste (un, le)

qualification (une, la)
quille (une, la)

rallye (un, le)
rame (une, la)
rameur (un, le)
rapidité (une, la)
raquette (une, la)
raquetteur (un, le)
rebond (un, le)
receveur (un, le)
record (un, le)
recrue (une, la)
réflexe (un, le)
régate (une, la)
règle (une, la)
règlement (un, le)
réglementation (une, la)
relève (une, la)
remplaçant (un, le)
rencontre (une, la)
résistance (une, la)
retrait (un, le)
revanche (une, la)
revers (un, le)
riposte (une, la)
rival (un, le)
rivalité (une, la)
robustesse (une, la)
rodéo (un, le)
rondelle (une, la)

rudesse (une, la)
rudoiement (un, le)
rugby (un, le)

saut à la perche (un, le)
saut en hauteur (un, le)
saut en longueur (un, le)
sauteur (un, le)
sautoir (un, le)
score (un, le)
senior (un, le)
série (une, la)
serveur (un, le)
service (un, le)
set (un, le)
short (un, le)
sifflet (un, le)
ski alpin (un, le)
ski de fond (un, le)
skieur (un, le)
ski nautique (un, le)
slalom (un, le)
soccer (un, le)
softball (un, le)
soigneur (un, le)
souplesse (une, la)
spectacle (un, le)
spectateur (un, le)
sport (un, le)
sportif (un, le)
sprint (un, le)
sprinter (un, le)
stade (un, le)
stratégie (une, la)
supporter (un, le)
surf (un, le)
suspensoir (un, le)

tactique (une, la)
témoin (un, le)
tenant (un, le)

tennis (un, le)
terrain (un, le)
tir (un, le)
tireur (un, le)
touché (un, le)
tournoi (un, le)
tremplin (un, le)
trophée (un, le)

uniforme (un, l')

vainqueur (un, le)
vélodrome (un, le)

vestiaire (un, le)
victoire (une, la)
vitesse (une, la)
voile (une, la)
volant (un, le)
volée (une, la)
volleyball
  (ballon-volant) (un, le)
voltigeur (un, le)

water-polo (un, le)

Adjectifs
adverse
agile
agressif
alpin
amateur
ambitieux
antidoping
  (antidopage)
athlétique

brusque

chanceux
compétitif

dangereux
décisif
décontracté
défensif
dégourdi
divertissant

éliminatoire
endurci
équestre

favori
fédéré
final
formateur
fortifiant
fougueux

gagnant
gymnastique

habile

imbattable
impartial
infatigable
invaincu
invincible

jugeable
junior

olympique

physique

rapide
réglementaire
résistant
rival
robuste
rude

skiable
souple
spectaculaire
sportif

vaincu
vainqueur
victorieux
vigoureux

Verbes

ambitionner
amuser
arbitrer
assister

battre
blesser
bloquer
botter

chronométrer
combattre
courir

décontracter
défendre (se)
défier
dégourdir
délasser
devancer
développer
disputer
disqualifier
divertir

éliminer
encourager
entraîner (s')
escalader
exécuter

farter
favoriser
feinter
former
fortifier
frapper

gagner

habiller
huer

intercepter
interrompre

jouer

lancer
lutter

marquer
mesurer (se)
nager

pagayer
patiner
pénaliser
perdre
plonger
pratiquer

qualifier (se)

ralentir
ramer
rebondir
réglementer
rejouer
remporter
rencontrer
replier (se)
rivaliser
rudoyer

sauter
servir
siffler
skier
surclasser

tirer

vaincre
viser

Adverbes

agilement

agressivement

ambitieusement

arbitrairement

dangereusement

défensivement

finalement

fougueusement

habilement

invinciblement

officiellement

physiquement

pratiquement

professionnellement

rapidement

réglementairement

rudement

sportivement

victorieusement

Expressions et locutions

Avoir de la ligne. — (Avoir des formes élégantes, sveltes.)

Battre un record. — (Exploit sportif officiellement constaté et surpassant tout ce qui a été fait dans le même genre.)

Bondir de joie. — (Tressaillir de joie.)

Couper le sifflet à quelqu'un. — (Interrompre brusquement.)

Courir un grand danger. — (Être exposé à.)

En flèche. — (En ligne droite.)

Entrer en exercice. — (Entrer en activité, en service.)

Être en forme. — (Être en bonne condition physique.)

Être en nage. (Être inondé de sueur.)

Faire faute. — (Manquer.)

Faire flèche de tout bois. — (Employer toutes sortes de moyens pour arriver à ses fins.)

Faire le jeu de quelqu'un. — (Avantager quelqu'un involontairement.)

Gagner du terrain. — (Avancer, progresser en bien ou en mal.)

Jouer gros jeu. — (Courir de grands risques.)

Les règles du jeu. — (Les usages auxquels on doit se soumettre quand on est dans une certaine situation.)

Lutter contre la tempête. — (Faire effort pour vaincre un obstacle, atteindre un résultat.)

Manquer de souplesse. — (Manquer de docilité à se plier aux volontés d'autrui.)

Mener double jeu. — (Mener, en marge de sa vie normale, une existence que l'on tient cachée.)

Mettre les bâtons dans les roues. — (Susciter des difficultés, des obstacles.)

Mettre des gants. — (Agir avec ménagement, précaution.)

Mettre tous les atouts dans son jeu. — (Prendre toutes les chances de réussir.)

Monter en flèche. — (Augmenter très vite.)

Nager entre deux eaux. — (Ménager deux partis opposés.)

Rester à l'écart. — (Se tenir dans une sorte d'isolement.)

Rester, être de glace. — (Être, rester insensible.)

Rompre la glace. — (Dissiper la gêne; faire cesser la contrainte dans un entretien, une entrevue, etc.)

Saisir à la volée. — (Saisir très promptement.)

Temps mort. — (Moment où il n'y a pas d'action.)

Tendre la perche. — (Fournir à quelqu'un une occasion de se tirer d'embarras.)

Travailler en amateur. — (Manquer de zèle.)

Proverbes

À vaincre sans péril, on triomphe sans gloire.
(Une victoire sans épreuve est une victoire sans éclat.)

Ce n'est pas le succès qui importe, c'est l'effort.
(La volonté compte plus que le résultat.)

Heureux au jeu, malheureux en amour.
(Qui gagne souvent au jeu est rarement heureux en ménage.)

Le jeu ne vaut pas la chandelle.
(La chose ne vaut pas la peine qu'on se donne pour l'obtenir.)

Qui ne risque rien n'a rien.
(Un succès ne peut s'obtenir sans quelque risque.)

Rien ne sert de courir, il faut partir à point.
(Ponctualité vaut mieux que rapidité.)

LES ANIMAUX ET LES PLANTES

AMORCE

MON MINOU, MON CHOU!

Non seulement votre monde est envahi par les animaux et les plantes, mais même votre tête est habitée par eux! Vous ne pouvez pas penser sans penser aux animaux et aux plantes! Ne dites-vous pas souvent: *Il est têtu comme un âne, laid comme*
5 *un singe, solide comme un chêne, doux comme un agneau, rusé comme un renard*? Vous dites même: *C'est une vraie pie; elle est légère comme une plume!* Ce n'est pas tout. Les amoureux se disent: *Mon pigeon, mon lapin, mon minou,* et quoi encore! Chez les humains, vous dites toujours que quelqu'un *met la*
10 *charrue devant les boeufs,* qu'il *a une misère de chien,* ou qu'il *vend la peau de l'ours avant de l'avoir tué,* que *la mauvaise herbe pousse vite,* qu'*on reconnaît l'arbre à ses fruits,* qu'*on récoltera ce qu'on a semé...* Et je n'ai rien dit de vos proverbes: *Qui veut tuer son chien l'accuse de rage, quand le chat n'y est pas, les*
15 *souris dansent.* Vraiment, les hommes ont besoin des animaux et des plantes!

(Texte préparé par l'équipe)

COMPRÉHENSION ET VOCABULAIRE

1. **De quoi parle-t-on dans ce texte?** (1-2)

2. **Quels animaux nomme-t-on?** (4-16)

3. **Trouve des mots auxquels le mot *animal* te fait penser (famille analogique).**

4. **Quelles plantes nomme-t-on?** (4-13)

5. **Trouve des mots auxquels le mot *plante* te fait penser (famille analogique).**

6. **Quelles expressions y trouve-t-on?** (4-16)

7. **Quelqu'un peut-il expliquer une des expressions citées dans le texte?**

8. **Que veulent dire les mots suivants?**
   a) rage   b) rusé

9. **Qu'est-ce qu'un proverbe?**

10. **Trouve quel mot du texte signifie la même chose que:**
    a) affreux (4)   c) fin (5)
    b) entêté (4)   d) grande difficulté (10)

11. **Quel mot du texte veut dire le contraire de chacun des mots suivants?**
    a) bonne (11)   b) semer (12)

12. **Quel est le féminin du mot *âne*?**

13. **Quel est le nom du petit de l'ânesse?**

14. **Trouve un mot de la même famille que *tête*.** (4)

15. **Que veut dire *re* dans le verbe *reconnaître*?**

16. **Quel verbe peut-on former à partir du nom *récolte* (12)?**

17. **Quel message les animaux et les plantes veulent-ils nous donner par ce texte (15-16)?**

VOCABULAIRE ANALOGIQUE

guêpier — chenil — fourmilière — gîte — porcherie —
poulailler — aquarium — niche — étable — bergerie

1. **Comment appelle-t-on...**
   a) un réservoir dans lequel on entretient des poissons?
   b) un lieu où l'on enferme les moutons?
   c) un local destiné au logement des chiens?
   d) un bâtiment destiné aux vaches et aux boeufs?
   c) l'habitation des fourmis?
   f) le lieu où le lièvre se retire?
   g) un nid de guêpes?
   h) une petite cabane pour loger un chien?
   i) un lieu où l'on élève les porcs?
   j) un bâtiment où on loge les poules?

2. **Quel fruit est produit par chacun des arbres suivants?**

   a) Le dattier produit   1) l'amande
   b) L'amandier produit   2) l'abricot
   c) L'abricotier produit   3) le gland
   d) Le noisetier produit   4) la datte
   e) La vigne produit   5) la noix
   f) Le merisier produit   6) la groseille
   g) Le hêtre produit   7) la noisette
   h) Le chêne produit   8) la faîne
   i) Le groseiller produit   9) la merise
   j) Le noyer produit   10) le raisin

3. **Donne cinq mots qui te sont inspirés par chacun des mots suivants.**
   a) arbre   c) poisson
   b) jardin   d) zoo

FAMILLES DE MOTS

1. **Complète les phrases à l'aide des mots de même famille.**

> abattoir — abattis — abats — abattage — abatteur — abattre

a) Les (...) de boeuf ont servi à préparer ce délicieux repas.
b) On a tué plusieurs animaux à l' (...) aujourd'hui.
c) Il était difficile de marcher dans cet (...) à cause des souches qui s'y trouvaient.
d) Le bûcheron est un (...) d'arbres.
e) Le fermier doit contrôler soigneusement l' (...) de ses animaux.
f) Il va falloir (...) cet arbre parce qu'il peut casser.

2. **Complète les phrases à l'aide des mots de même famille.**

> jardin — jardinage — jardinière — jardinier — jardiniste — jardiner

a) Ce (...) cultive de beaux navets.
b) Ma mère a reçu une belle (...) pour son anniversaire.
c) Tout le monde ne peut pas se permettre d'engager un (...) pour faire le plan de son jardin.
d) Le (...) est un beau passe-temps.
e) As-tu fait un (...) cette année?
f) Il aime (...) pendant ses moments de loisir.

3. **Complète les phrases à l'aide des mots de même famille.**

> plants — planteur — plantes — plantation — planter — plantage

a) Au printemps, nous allons chercher nos (...) de tomates à la serre.
b) Ce (...) est propriétaire d'une (...) .

c) Le (...) de jeunes pousses est nécessaire à la survie de nos forêts.
d) Il faut arroser certaines (...) tous les jours.
e) Ma voisine a décidé de (...) des fleurs pour embellir son parterre.

4. **Complète les phrases à l'aide des mots de même famille.**

> semis — semeur — semence — semailles — ensemencement — semer

a) Il faut éviter de marcher dans un (...) .
b) Les (...) se font au printemps.
c) Le (...) a terminé l' (...) de son champ de blé.
d) La (...) de ces pépins nous permettra d'obtenir des arbres fruitiers.
e) N'oubliez pas de (...) de la laitue : vous en aurez besoin pour vos salades.

5. **Complète les phrases à l'aide des mots de même famille.**

> faucheur — fauchées — faux — fauché — faucheuse — fauchaison — faucillon — fauchage — fauche — fauchard — fauchet

a) Le (...) , la (...) ou la (...) désigne le temps où l'on fauche.
b) Avec cette lame d'acier et ce manche, il s'est fait une (...) ainsi qu'un (...) pour son petit garçon.
c) L'agriculteur moderne se sert d'une (...) .
d) Le (...) s'est reposé un peu entre deux (...) .
e) Un (...) est une serpe à deux tranchants.
f) Pour ramasser le blé (...) on se sert d'un (...) .

6. **Trouve trois mots de la même famille.**
   a) branche
   b) fleur
   c) terre
   d) capturer
   e) plumage

SENS DES MOTS

1. **Trouve dans le lexique des animaux (page 101) le mot qui correspond à chacune des définitions suivantes. La première lettre du mot t'est donnée.**

   a) poil long et rude qui pousse au cou et à la queue
      de certains animaux   (c...)

   b) tous les animaux bons à manger que l'on prend à
      la chasse   (g...)

   c) qui se rapporte au boeuf   (b...)

   d) ensemble des animaux d'un pays   (f...)

   e) faculté de discerner par l'odeur   (f...)

   f) lieu où s'abrite le gibier surtout le lièvre   (g...)

   g) caribou   (r...)

   h) lieu où l'on tue les animaux   (a...)

   i) qui marche sur deux pieds   (b...)

   j) organe dur qui protège le corps de certains
      animaux   (c...)

2. **Trouve dans le lexique des plantes (page 108) le mot qui correspond à chacune des définitions suivantes. La première lettre du mot t'est donnée.**

   a) terrain planté d'arbres fruitiers   (v...)

   b) exposition de fleurs   (f...)

   c) fruit du hêtre   (f...)

   d) jardin destiné à la culture des légumes   (p...)

   e) longue tranchée ouverte dans la terre par la
      charrue   (s...)

   f) la partie la plus élevée d'un arbre   (f...)

   g) ensemble des feuilles d'un arbre   (f...)

   h) culture des jardins   (j...)

   i) travail agricole qui consiste à récolter les céréales
      lorsqu'elles sont parvenues à maturité   (m...)

   j) patate   (p...)

3. **À l'aide de ton dictionnaire, trouve les différents sens de chacun des mots clés.**

1) CULTURE
   a) action de cultiver la terre
   b) développement d'une espèce de microbe
   c) développement du corps par des exercices
   d) ensemble des structures qui caractérisent une société

   1) culture physique
   2) culture canadienne
   3) bouillon de culture
   4) culture

2) DÉVORER
   a) lire avec avidité
   b) regarder avec passion
   c) manger en déchirant avec les dents
   d) détruire
   e) tourmenter

   1) un chagrin qui dévore
   2) dévorer une proie
   3) dévorer un livre
   4) un bâtiment dévoré par le feu
   5) dévorer des yeux

3) FAUCHER
   a) détruire
   b) couper avec une faux
   c) voler
   d) coucher

   1) faucher le blé
   2) des fleurs fauchées par le vent
   3) se faire faucher son porte-monnaie
   4) la mort fauchant tout

4) ÉCORCE
   a) enveloppe d'un tronc d'arbre
   b) enveloppe de certains fruits
   c) surface de la terre
   d) apparence d'une personne

   1) l'écorce terrestre
   2) l'écorce rude du paysan
   3) l'écorce du sapin
   4) l'écorce d'une orange

5) SERRE
   a) construction vitrée
   b) ongles ou griffes de certains animaux
   c) action de presser, de serrer

   1) les serres de l'aigle
   2) mettre des fleurs en serre
   3) donner une première serre au raisin

6) TRONC
   a) partie d'un arbre
   b) boîte où l'on dépose de l'argent
   c) le corps humain sans la tête ni les membres

   1) se tenir le tronc bien droit comme un soldat
   2) le tronc du sapin
   3) les troncs de l'église

7) CANARD
   a) oiseau palmipède
   b) nouvelle fausse
   c) note fausse

   1) une commère lançant des canards à tout venant
   2) canard sauvage
   3) entendre des canards dans un morceau de musique

8) ROSSIGNOL
   a) oiseau passereau
   b) crochet pour ouvrir les serrures
   c) marchandise démodée
   d) belle voix

   1) voix de rossignol
   2) se servir d'un rossignol pour commettre un vol
   3) un manteau qui est un rossignol
   4) entendre un rossignol, le matin

9) SUISSE
   a) petit écureuil rayé
   b) petit fromage blanc
   c) qui habite la Suisse
   d) soldats du pape

   1) gardes suisses
   2) correspondre avec un Suisse
   3) un suisse mort en captivité
   4) aimer le camembert et le suisse

10) LOUP
   a) mammifère carnassier
   b) demi-masque de velours
   c) froid très rigoureux
   d) vieux marin
   e) jeune homme ambi-tieux
   f) faire comme les autres

   1) porter un loup pour aller à une mascarade
   2) loup de mer
   3) loup de nos forêts
   4) hurler avec les loups
   5) subir un froid de loup
   6) un garçon qui est un jeune loup

4. **Choisis, d'après le sens de la phrase, la définition qui convient le mieux au mot en caractère gras.**

   a) Il n'est pas toujours bon pour les parents de trop **couver** leurs enfants.
      1) se tenir sur des oeufs pour les faire éclore
      2) entourer de soins attentifs
      3) se préparer

   b) Chez nous, nous nous partageons les travaux **domestiques.**
      1) animal apprivoisé
      2) serviteur
      3) qui concernent la maison

   c) Hier, à l'épicerie, j'ai été témoin d'une prise de **bec** entre la caissière et un client.
      1) échange de propos assez vifs
      2) organe qui recouvre les mâchoires d'un oiseau
      3) extrémité d'un brûleur où se produit la flamme

   d) Le **crapaud** gobe la mouche.
      1) petit piano à queue
      2) petit fauteuil
      3) animal ressemblant à la grenouille

   e) Je suis allé me promener dans le **bois.**
      1) lieu planté d'arbres
      2) substance compacte de l'intérieur des arbres
      3) les cornes du chevreuil

   f) Si tu me rendais ce service, tu me tirerais une **épine** du pied.
      1) colonne vertébrale
      2) arbrisseau épineux
      3) débarrasser d'un souci

g) Les oiseaux aiment bien se nourrir de **pépins.**
   1) parapluie
   2) graines de certains fruits
   3) accident

h) La **racine** du mot *frontal* est front.
   1) organe qui fixe la plante dans le sol
   2) base d'un objet
   3) partie d'un mot à laquelle on peut ajouter des préfixes ou des suffixes

i) La voiture, en démarrant, a tracé des **raies** sur la route.
   1) lignes tracées sur une surface
   2) séparation des cheveux
   3) poissons vivant près des fonds marins

j) Les fers protègent les **sabots** de chevaux.
   1) chaussures de bois
   2) ongles de certains mammifères
   3) jouet d'enfant en forme de toupie

5. **Choisis le terme approprié.**
   a) Le rosier est un (...) . (arbre, tronc, arbuste)
   b) Le lion est en captivité dans une (...) . (prison, cage, terrier)
   c) J'ai vu un (...) . (groupe, essaim, troupeau) d'abeilles.
   d) Il est temps de (...) (raser, couper, tondre) le gazon.
   e) Les plantes sont des (...) . (animaux, végétaux, minéraux)
   f) Le fruit du hêtre est (...) . (le gland, la faîne, la noisette)
   g) Les animaux vont boire (...) . (à la fontaine, au robinet, à l'abreuvoir)
   h) Le mouton (...) . (bêle, beugle, braie)
   i) Le corbeau (...) . (croasse, coasse, glousse)

EXPRESSIONS ET LOCUTIONS

1. **Donne le sens de chacune des expressions ci-dessous en te servant des définitions du rectangle.**

> — personne très médisante
> — position difficile, désagréable
> — être enterré
> — se retirer, s'isoler
> — voix pure et très flexible
> — être sur le qui-vive
> — faire des fautes de liaison
> — larmes hypocrites
> — qui digère tout
> — dépenser son revenu par avance
> — dépenser à profusion
> — en spirale
> — homme qui passe son temps à consulter des livres dans la bibliothèque
> — poursuivre deux buts différents
> — cou long et flexible

    a) larmes de **crocodile**
    b) avoir la **puce** à l'oreille
    c) **rat** de bibliothèque
    d) cou de **cygne**
    e) manger les **pissenlits** par la racine
    f) avoir un estomac d'**autruche**
    g) voix de **rossignol**
    h) **semer** son argent
    i) tomber dans un **guêpier**
    j) courir deux **lièvres** à la fois
    k) faire des **cuirs**
    l) rentrer dans sa **coquille**
    m) un escalier en **colimaçon**
    n) langue de **serpent**
    o) manger son **blé** en herbe

2. **À l'aide des mots de la colonne de droite, complète les comparaisons suivantes:**

a) rusé comme un (...)
b) doux comme un (...)
c) nager comme un (...)
d) sale comme un (...)
e) aveugle comme une (...)
f) dormir comme une (...)
g) plier comme un (...)
h) ramper comme un (...)
i) rugir comme un (...)
j) hurler comme un (...)
k) têtu comme un (...)
l) gai comme un (...)
m) bavard comme une (...)
n) vaniteux comme un (...)
o) petit comme une (...)
p) laborieux comme une (...)
q) malin comme un (...)
r) vert comme une (...)
s) fort comme un (...)
t) lent comme une (...)

1) taupe
2) roseau
3) lion
4) pie
5) loup
6) pinson
7) renard
8) puce
9) fourmi
10) agneau
11) marmotte
12) paon
13) tortue
14) herbe
15) ours
16) serpent
17) âne
18) poisson
19) singe
20) cochon

PRÉFIXES ET SUFFIXES

PRÉFIXES

bi	— deux	micro	— petit
biblio	— livre	mono	— un, seul
em	— dans	semi	— à demi
en	— dans	super	— au-dessus de
mi	— moitié	tri	— trois

SUFFIXES

able — possibilité, qualité	atoire	— local, endroit
ail — sorte d'objet, instrument	eron	— métier
ais — nationalité	et	— diminutif
ois — nationalité	ette	— diminutif

1. **Retrouve quelques-uns des préfixes ou des suffixes illustrés ci-haut et identifie-les.**
   a) encadrer
   b) éventail
   c) microsillon
   d) forgeron
   e) bibliophile
   f) réalisable
   g) conservatoire
   h) tricolore
   i) Écossais
   j) superlatif
   k) monoplace
   l) livret
   m) semi-fluide
   n) Le préfixe vient-il au début ou à la fin du mot?
   o) Le suffixe vient-il au début ou à la fin du mot?

2. **Donne le sens de chaque préfixe en caractère gras et trouve un autre mot ayant le même préfixe.**
   a) **bi**pède
   b) **biblio**thèque
   c) **em**preinte
   d) **en**semencer
   e) **mi**-carême
   f) **micro**scope
   g) **mono**logue
   h) **semi**-voyelle
   i) **super**poser
   j) **tri**angle

3. **Donne le sens de chaque suffixe en caractère gras et trouve un autre mot ayant le même suffixe.**
   a) mani**able**
   b) gouvern**ail**
   c) Japon**ais**
   d) observ**atoire**
   e) bûch**eron**
   f) poul**et**
   g) boul**ette**
   h) Dan**ois**
   i) aim**able**
   j) fourch**ette**

SYNONYMES ET ANTONYMES

1. **Identifie un synonyme pour chaque mot de gauche.**
   a) prison :   lieu, cage, abri, refuge
   b) massacre :   bagarre, bataille, carnage, dispute
   c) manger
      avidement :   dévorer, prendre, grignoter, brouter
   d) attraper :   filer, poursuivre, capturer, pourchasser
   e) boire :   avaler, consommer, nourrir, s'abreuver
   f) ossature :   osselet, carnage, carcasse, dépouille

g) emprisonné: captif, fuyant, libre, poursuivi
h) poil: pelure, chair, peau, pelage
i) insecte: bétail, moustique, volaille, oiseau
j) abri: flore, gîte, essaim, territoire

2. **Remplace le mot entre parenthèses par un synonyme placé dans le rectangle.**

> cime — sarcler — récoltes — désertiques — touffus — arbustes — semer — poilu — étang — flétrir — frêle — éclore

a) (moisson) L'automne est la saison des (...) .
b) (faîte) L'avion passa tout près de la (...) des arbres.
c) (velu) Mon singe est très (...) .
d) (aride) En Afrique, il y a plusieurs régions (...) .
e) (se faner) Sans eau, la plante va se (...) .
f) (arbrisseau) Dans ma cour, il y a plusieurs (...) verts.
g) (désherber) Il faut (...) son jardin régulièrement.
h) (faible) Cette plante (...) ne vivra pas longtemps.
i) (fleurir) L'énergie du soleil fait (...) les plantes.
j) (planter) Au printemps, il faut (...) nos graines.
k) (marécage) Il peut être dangereux de jouer près d'un (...).
l) (feuillu) Les sapins de nos forêts canadiennes sont très (...) .

3. **Choisis dans le rectangle le synonyme approprié.**

> mouton — vorace — vipère — otarie — japper — pâturage — pieuvre — meugler — antre — élan — dépecer — fauve — jacasser — gazouiller — nichée

a) tanière   f) couvée   k) glouton
b) serpent   g) poulpe   l) sauvage
c) orignal   h) jaser   m) bélier
d) phoque   i) beugler   n) débiter
e) pacage   j) aboyer   o) roucouler

4. **Identifie un antonyme pour chaque mot de gauche.**
   a) domestique : apprivoisé, sauvage, dompté, dressé
   b) venimeux : inoffensif, toxique, empoisonné, envenimé
   c) sobre : frugal, modéré, glouton, discret
   d) fertile : arable, stérile, fécond, productif
   e) rocailleux : argileux, caillouteux, pierreux, rocheux
   f) touffu : dense, clairsemé, dru, épais
   g) vivace : dur, résistant, tenace, annuel
   h) rusé : astucieux, naïf, malin, perfide
   i) utile : nuisible, avantageux, nécessaire, favorable
   j) hurler : beugler, crier, murmurer, piailler

5. **Remplace le mot entre parenthèses par l'antonyme approprié.**

domestique — robuste — murmurer — capturé — frêle —
poli — vivace — hurler — rugueuse — touffues —
nécessaire — nuisibles — stérile — arable — venimeux

   a) (résistant)   Le (...) roseau plie sous le vent.
   b) (productif)   Cette terre est (...) .
   c) (sauvage)   La panthère n'est pas un animal (...) .
   d) (annuel)   Une plante qui vit plusieurs années est une plante (...) .
   e) (utile)   Les animaux ne sont pas tous (...) .
   f) (clairsemé)   Les branches de mon sapin de Noël étaient très (...) .
   g) (inoffensif)   Certains serpents sont (...) .
   h) (libéré)   Le lion en fuite a finalement été (...) .
   i) (lisse)   L'écorce du cèdre est plutôt (...) .
   j) (crier)   (...) est doux à l'oreille.

FORMATION DES MOTS

1. a) **Donne l'adjectif correspondant.**
   1) désert   4) poil
   2) branche   5) nuisance
   3) épine   6) feuillage

b) **Donne le nom correspondant.**
1) captif   3) migrateur
2) instinctif   4) sec

2. **Trouve l'adjectif correspondant à chacun des adverbes.**
a) instinctivement   f) annuellement
b) sèchement   g) gloutonnement
c) sauvagement   h) nuisiblement
d) bestialement   i) férocement
e) voracement   j) docilement

3. **Trouve le nom correspondant à chacun des verbes.**

Verbe	Nom
a) Le cochon grogne.	Le (...) du cochon.
b) La vache meugle.	Le (...) de la vache.
c) Le loup hurle.	Le (...) du loup.
d) L'agneau bêle.	Le (...) de l'agneau.
e) Le cheval hennit.	Le (...) du cheval.
f) La poule glousse.	Le (...) de la poule.
g) Le chat miaule.	Le (...) du chat.
h) Le chien aboie.	Le (...) du chien.
i) L'oiseau gazouille.	Le (...) de l'oiseau.
j) Le lion rugit.	Le (...) du lion.

4. **À partir du mot donné, fournis les trois autres sortes de mots de la même famille (nom, adjectif, verbe ou adverbe).**
a) vif   d) sec
b) bête   e) dévorer
c) nuisiblement

TEXTES

ANIMAUX DE CHEZ NOUS

Tout être vivant appartient soit au règne végétal, soit au règne animal.

Au cours de leur évolution, les animaux, qui doivent rechercher leur nourriture au lieu de la fabriquer comme le font 5 les plantes, se sont considérablement différenciés. On a pu en recenser plus d'un million d'espèces : 30 000 de poissons, 3 000 d'amphibiens, 5 000 de reptiles, 8 700 d'oiseaux et 4 500 de mammifères ; les invertébrés (animaux sans squelette), qui comprennent 750 000 espèces d'insectes, 26 000 de crustacés 10 et 175 000 d'organismes unicellulaires et pluricellulaires, composent le reste du genre animal.

Les animaux du Canada qui n'émigrent pas vers le sud à l'automne sont bien armés pour résister aux rigueurs de nos hivers : ils revêtent une livrée pour combattre le froid, font des 15 provisions, ou hibernent en vivant de leurs réserves de graisse.

La vie animale diffère beaucoup d'une région à l'autre.

— Dans l'Arctique, la végétation est maigre et les espèces d'animaux terrestres sont rares. Mais phoques, baleines, poissons et oiseaux de mer abondent dans les eaux froides.

20 — Dans les forêts résineuses du nord du Canada, les hivers sont longs et froids, les étés courts et chauds. L'écorce, les bourgeons et les graines des conifères alimentent toute l'année les lièvres, les écureuils et les oiseaux. En hiver, certains animaux comme l'orignal piétinent la neige pour dégager les 25 broussailles dont ils se nourrissent. En été, des oiseaux comme les fauvettes, les moucherolles et les grives se rassemblent dans ces forêts du Nord pour y dévorer des insectes. Divers rapaces, en particulier les hiboux et les buses, ainsi que les espèces qui se nourrissent de plantes, comme le bec-croisé et la gélinotte, 30 y résident toute l'année.

— Plus au sud, le parterre des forêts mixtes en feuillus abrite une multitude d'insectes. Mammifères et oiseaux insectivores y abondent en été, notamment la musaraigne et l'hirondelle bicolore. En hiver, les oiseaux émigrent, tandis que 35 les mammifères mangent des plantes.

— Les prairies abritent des espèces qui se nourrissent de plantes, par exemple le cerf-mulet et la perdrix, ainsi que leurs

94

prédateurs. Les animaux qui creusent des terriers y abondent.

— Les cours d'eau, les lacs et les eaux côtières du Canada
40 regorgent de vie animale, poissons, amphibiens et mammifères
marins qui dépendent tous des couches flottantes de plancton
microscopique.

La vie en plein air, Sélection du Reader's Digest (Canada) Ltée, 1967,
p. 33.

COMPRÉHENSION

1. **Différencie la manière dont les animaux et les plantes se procurent leur nourriture.** (3-5)
2. **Comment les animaux du Canada se préparent-ils pour résister aux rigueurs de notre hiver?** (Indiques-en les trois manières.) (12-15)
3. **Pourquoi y a-t-il peu d'animaux terrestres dans l'Arctique?** (17-18)
4. **En hiver, pourquoi l'orignal piétine-t-il la neige?** (23-25)
5. **Plus au sud, que font les oiseaux et les mammifères lorsque l'hiver arrive?** (31-35)
6. **Dans quelle région du Canada trouve-t-on beaucoup d'animaux vivant dans des terriers?** (36-38)
7. **Quelle est la principale source de nourriture pour les poissons, les amphibiens et les mammifères marins du Canada?** (39-42)

VOCABULAIRE

1. **Trouve, à l'aide de ton dictionnaire, le sens des mots suivants.**
   a) livrée   b) rapaces   c) plancton
2. **Quels verbes peux-tu former à l'aide des noms suivants?**
   a) hibernation   c) abondance   e) résidence
   b) émigration   d) piétinement
3. **Que signifie le préfixe:**
   a) **bi** dans *bicolore*?
   b) **micro** dans *microscopique*?
4. **Trouve la phrase dans laquelle il y a des antonymes.** (20-21)
5. **Trouve un synonyme pour chacun des mots suivants.**
   a) nourriture (15)   c) alimentent (36)   e) pelage (14)
   b) habitent (30)   d) abri (38)
6. **Associe chaque mot à la bonne définition.**
   a) évolution   1) qui vit de proies
   b) rigueur   2) animal sans squelette
   c) terrier   3) série de transformations successives
   d) prédateur   4) sévérité, dureté
   e) invertébré   5) habitat de certains animaux

PLANTES DE CHEZ NOUS

Des algues qui poussent au fond des mares aux majestueux sapins de Douglas, les plantes sont parmi les êtres vivants les plus répandus. Minuscules et primitives, les algues et les bactéries sont présentes presque partout — dans l'eau douce et
5 l'eau salée, dans la terre et la neige, sur les animaux et les autres plantes. Les champignons se caractérisent par l'absence de chlorophylle, cette substance qui permet aux plantes d'utiliser la lumière du soleil pour fabriquer leur nourriture. Ils vivent sur d'autres plantes et sur la végétation en décomposition, parfois
10 dans une obscurité totale. Les plantes à fleurs, les plus évoluées, comptent pour plus de la moitié des 375 000 espèces de la flore mondiale.

Nées dans les océans il y a des millions d'années, les plantes se sont très lentement adaptées à la vie terrestre comme
15 le montre l'apparition progressive de racines, de tiges et de feuilles sur les fossiles.

Les conifères (bois tendres) ont peu changé depuis 300 millions d'années. Les plus vieux arbres, les pins à cônes épineux de la Californie, vivent plus de 4 500 ans. L'arbre le plus
20 haut du Canada est le sapin de Douglas qui dépasse souvent 60 mètres (200 pi). D'autres conifères — l'épinette blanche, le pin gris et le sapin de l'Ouest — survivent plus au nord et plus haut dans les montagnes que toute autre espèce d'arbre.

Les arbres feuillus (bois durs), qui perdent leur feuillage à
25 l'automne et ne portent pas de cônes, descendent des conifères. Leur sève circule mieux que celle de leurs ancêtres, ce qui permet à leurs grandes feuilles de travailler plus rapidement. La nourriture qu'elles produisent au printemps et en été suffira pour alimenter l'arbre pendant tout l'hiver. Le feuillage moins
30 efficace des conifères reste sur l'arbre toute l'année.

Au Canada, la végétation est pleine de contrastes, des fleurs sauvages presque tropicales de la pointe Pelée au tapis ras de la toundra arctique, du feuillage flamboyant de la forêt mixte en automne aux riches verts de la forêt pluviale du
35 Pacifique. La forêt occupe plus de 325 millions d'hectares (près d'un tiers du pays), la prairie quelque 65 millions d'hectares, la toundra et la rocaille 280 millions d'hectares.

Les arbres sont l'une des principales richesses naturelles du Canada, mais ils ne servent pas qu'à fournir la pâte et le bois

₄₀ de construction : en plus d'abriter les animaux et de leur être une source de nourriture, ils purifient l'air que nous respirons, influent sur la qualité et la quantité de nos réserves d'eau, embellissent nos paysages.

La vie en plein air, Sélection du Reader's Digest (Canada) Ltée, 1967, p. 159.

COMPRÉHENSION

1. **À quoi sert la chlorophylle?** (6-8)
2. **Où et quand les plantes sont-elles apparues sur notre planète?** (13)
3. **Quel est l'arbre le plus haut du Canada?** (19-21)
4. **Quelle partie de notre pays est occupée par la forêt?** (34-35)
5. **Complète la phrase suivante :** (38-43)
   Les arbres servent à (...) les animaux et leur est une source de (...) , ils (...) l'air que nous respirons et (...) nos paysages.

VOCABULAIRE

1. **Trouve, à l'aide de ton dictionnaire, le sens des mots suivants.**
   a) flore   b) toundra   c) fossiles

2. **Quels adjectifs peux-tu former à l'aide des noms suivants?**
   a) épine   c) pluie   e) verdure
   b) nature   d) tropique

3. **Trouve une famille de trois mots ayant le même radical.** (24-27)

4. **Trouve un synonyme pour chacun des mots suivants.**
   a) microbes (4)   e) oppositions (31)
   b) pourriture (9)   f) flore (31)
   c) microscopiques (3)   g) filtrent (41)
   d) noirceur (10)

5. **Que signifie le mot *sève* dans l'expression *la sève de la jeunesse*?**

6. **Comment appelle-t-on un terrain rempli de cailloux?** (37)

DICTÉES

a) Le (...) , cet (...) (...) , dépèce sa (...) avant de la (...) .
b) Les (...) et autres (...) servent de (...) aux (...) .
c) En nous promenant dans la forêt, nous apercevons des (...) au (...) (...) et des (...) (...) .
d) Pour obtenir une (...) (...) , on doit (...) , (...) , (...) (...) son jardin.   (Texte préparé par l'équipe)

AU MILIEU DES BOIS

Le chien se glissa jusqu'au bord du fossé bordant la route et s'y coula en rampant sur le ventre. Il passa, sans le voir ni le sentir, près d'un hérisson qui partait pour la chasse aux (...) . La (...) effrayée se roula en boule dans sa (...) de piquants.

Quand Rex se fut suffisamment éloigné de l'auto, il se faufila à travers les (...) et s'enfonça dans la (...) .

On n'entendait pas un bruit. À cette heure, les (...) perchés dans le (...) dormaient, la tête cachée sous leur (...) . Ils ne se réveilleraient qu'au lever du jour.

Dans le ciel, la lune faisait sa ronde, pareille à un croissant découpé dans du papier d'argent et suspendu aux (...) . Comme dans les petits (...) de Noël...

Parmi les (...) au long du sentier, scintillaient de minuscules étoiles qui s'éteignaient et se rallumaient. Les (...) luisants clignotaient sans se lasser.

Et voici qu'à nouveau le hérisson revenait à son trou creusé sous la (...) d'un (...) . Il semblait retrouver son chemin, comme le Petit Poucet... en suivant ces grains dorés et phosphorescents semés dans la (...) .

GUILLOT, LEMIEUX, BLANCHERI, *Rex et Mistigri,* Québec, Éditions françaises Inc., 1971, p. 44.

RÉDACTION

Choisis un sujet de rédaction parmi les trois sujets suivants.

a) **Compose cinq phrases sur les *animaux*. Chaque phrase devra contenir au moins trois mots du lexique des animaux (page 101).**
b) **Compose cinq phrases sur les *plantes.* Chaque phrase devra contenir au moins trois mots du lexique des plantes (page 108).**
c) **Décris, sans le(la) nommer, un animal ou une plante de ton choix. Ta description doit être tellement précise qu'on pourra, à la fin, reconnaître cet animal ou cette plante.**

JEU ÉDUCATIF

Grille

Comment nomme-t-on le petit de :

1. la chèvre? (...)
2. l'oie? (...)
3. la chatte? (...)
4. la biche? (...)
5. la louve? (...)
6. l'ânesse? (...)
7. la hase? (...)
8. la vache? (...)
9. la poule? (...)
10. la brebis? (...)
11. la lionne? (...)
12. la truie? (...)
13. la chienne? (...)
14. la renarde? (...)
15. la lapine? (...)
16. la rate? (...)
17. la cane? (...)
18. l'aigle? (...)

LEXIQUE

A. LES ANIMAUX

Noms

abattoir (un, l')
abeille (une, l')
aboiement (un, l')
abreuvoir (un, l')
achigan (un, l')
agneau (un, l')
agnelet (un, l')
agnelle (une, l')
aigle (un, une, l')
aiglefin (un, l')
aiglon (un, l')
aire (une, l')
albatros (un, l')
alligator (un, l')
alouette (une, l')
âne (un, l')
ânesse (une, l')
anguille (une, l')
ânon (un, l')
antilope (une, l')
antre (un, l')
aquarium (un, l')
araignée (une, l')
arête (une, l')
attelage (un, l')
auge (une, l')
autruche (une, l')

baleine (une, la)
bauge (une, la)
bec (un, le)
bécasse (une, la)
becquée (une, la)
bêlement (un, le)
belette (une, la)
bélier (un, le)
bernache (une, la)

bergerie (une, la)
bestiole (une, la)
bétail (un, le)
biche (une, la)
bipède (un, le)
bison (un, le)
boeuf (un, le)
boeuf musqué (un, le)
bouc (un, le)
boucherie (une, la)
bovin (un, le)
brebis (une, la)
brochet (un, le)
buffle (un, le)

cachalot (un, le)
cage (une, la)
calmar (un, le)
caméléon (un, le)
canard (un, le)
canardeau (un, le)
cane (une, la)
caneton (un, le)
captivité (une, la)
carapace (une, la)
carcasse (une, la)
caribou (un, le)
carnage (un, le)
carnassier (un, le)
carnivore (un, le)
carpe (une, la)
castor (un, le)
cerf (un, le)
chacal (un, le)
chaton (un, le)
chauve-souris (une, la)
chenil (un, le)

chenille (une, la)
cheval (un, le)
chèvre (une, la)
chevreau (un, le)
chevrette (une, la)
chevreuil (un, le)
chiot (un, le)
chouette (une, la)
cigale (une, la)
cigogne (une, la)
clapier (un, le)
cobra (un, le)
coccinelle (une, la)
cochon (un, le)
cochonnet (un, le)
cocon (un, le)
colibri (un, le)
colimaçon (un, le)
coq (un, le)
coque (une, la)
coquille (une, la)
corbeau (un, le)
corneille (une, la)
couguar (un, le)
couleuvre (une, la)
couvée (une, la)
coyotte (un, le)
crabe (un, le)
crapaud (un, le)
crête (une, la)
crevette (une, la)
crin (un, le)
crinière (une, la)
criquet (un, le)
croc (un, le)
crocodile (un, le)
cuir (un, le)
cygne (un, le)

dauphin (un, le)
dinde (une, la)

dindon (un, le)
doré (un, le)
duvet (un, le)

écaille (une, l')
écrevisse (une, l')
écureuil (un, l')
écurie (une, l')
élevage (un, l')
éperlan (un, l')
ergot (un, l')
escargot (un, l')
essaim (un, l')
esturgeon (un, l')
étable (une, l')
étalon (un, l')
étourneau (un, l')

faisan (un, le)
faon (un, le)
faucon (un, le)
faune (une, la)
fauve (un, le)
fauvette (une, la)
flair (un, le)
flanc (un, le)
fourmilière (une, la)

gazelle (une, la)
gazouillement (un, le)
geai (un, le)
gibier (un, le)
gîte (un, le)
gloussement (un, le)
goéland (un, le)
gorille (un, le)
gosier (un, le)
griffe (une, la)
grive (une, la)
grizzli (un, le)
grognement (un, le)
guenon (une, la)

guêpe (une, la)
guêpier (un, le)

hareng (un, le)
hase (une, la)
hennissement (un, le)
hermine (une, l')
héron (un, le)
hippopotame (un, l')
homard (un, le)
huart (un, le)
hurlement (un, le)

insecte (un, l')
instinct (un, l')

jaguar (un, le)
jars (un, le)
jument (une, la)

kangourou (un, le)
koala (un, le)

laie (une, la)
lama (un, le)
lapereau (un, le)
léopard (un, le)
levraut (un, le)
lézard (un, le)
liberté (une, la)
lièvre (un, le)
lionceau (un, le)
litière (une, la)
loup (un, le)
loutre (une, la)
louve (une, la)
louveteau (un, le)
lynx (un, le)

mammifère (un, le)
maquereau (un, le)
maringouin (un, le)
marmotte (une, la)
martin-pêcheur (un, le)

meuglement (un, le)
meute (une, la)
miaulement (un, le)
migration (une, la)
moineau (un, le)
mollusque (un, le)
morue (une, la)
moucheron (un, le)
mouette (une, la)
mouffette (une, la)
mouflon (un, le)
moule (une, la)
moustique (un, le)
mulot (un, le)
museau (un, le)

nageoire (une, la)
niche (une, la)
nid (un, le)

oie (une, l')
oiseau (un, l')
oison (un, l')
orignal (élan) (un, l')
otarie (une, l')
outarde (une, l')

pacage (un, le)
palourde (une, la)
panthère (une, la)
paon (un, le)
passereau (un, le)
pâturage (un, le)
pelage (un, le)
pélican (un, le)
perchaude (une, la)
perdreau (un, le)
perdrix (une, la)
perroquet (un, le)
perruche (une, la)
pétoncle (un, le)
phoque (un, le)

pie (une, la)
pieuvre (poulpe) (une, la)
pigeon (un, le)
pingouin (un, le)
pinson (un, le)
plie (une, la)
plumage (un, le)
poisson (un, le)
porcelet (un, le)
porc-épic (un, le)
porcherie (une, la)
poulailler (un, le)
poulain (un, le)
poule (une, la)
poussin (un, le)
prédateur (un, le)
proie (une, la)
puce (une, la)
puceron (un, le)
punaise (une, la)

quadrupède (un, le)

raie (une, la)
rat (un, le)
rate (une, la)
raton (un, le)
raton laveur (un, le)
renard (un, le)
renarde (une, la)
renardeau (un, le)
renne (un, le)
requin (un, le)
rhinocéros (un, le)
rongeurs (des, les)
rossignol (un, le)
rouge-gorge (un, le)
ruche (une, la)
rugissement (un, le)
ruminants (des, les)

sabot (un, le)
sanglier (un, le)
sangsue (une, la)
sardine (une, la)
saumon (un, le)
sauterelle (une, la)
serpent (un, le)
singe (un, le)
sole (une, la)
suisse (un, le)

tanière (une, la)
taon (un, le)
taupe (une, la)
termite (une, la)
terrier (un, le)
tortue (une, la)
troupeau (un, le)
truie (une, la)
truite (une, la)

vautour (un, le)
veau (une, la)
venin (un, le)
verrat (un, le)
vipère (une, la)
vison (un, le)

zèbre (un, le)
zoo (un, le)

Adjectifs

aquatique
bestial(e)
canin(e)
carnassier(ère)
carnivore
cornu(e)
docile
domestique
farouche
fauve
félin(e)
féroce
glouton(onne)
herbivore
hérissé(e)
inoffensif(ive)
instinctif(ive)

luisant(e)
migrateur(trice)
nuisible
palmé(e)
poilu(e)
quadrupède
redoutable
rongeur(euse)
rugissant(e)
ruminant(e)
rusé(e)
sauvage
siamois(e)
venimeux(euse)
vorace
zoologique

Verbes

aboyer
abreuver
apprivoiser
atteler
becqueter
bêler
beugler
bourdonner
braire
brouter
butiner
cabrer (se)
capturer
caqueter
coasser
couver
croasser
dénicher
dépecer
dévorer

dresser
flairer
gambader
gazouiller
glapir
glatir
glousser
grogner
hiberner
hennir
huer
(h)ululer
hurler
jacasser
jaser
laper
miauler
nicher
nuire
paître

pépier
percher
planer
plumer
pondre
ramper
ronger

roucouler
rugir
ruminer
siffler
traire
voleter
voltiger

Adverbes

bestialement
docilement
farouchement
férocement
gloutonnement

instinctivement
nuisiblement
sauvagement
voracement
zoologiquement

Expressions et locutions

— Avoir la bride sur le cou. — (Agir en toute liberté.)
— Avoir la chair de poule. — (Frissonner.)
— Avoir la puce à l'oreille. — (Être sur le qui-vive.)
— Avoir le ver solitaire. — (Manger beaucoup.)
— Avoir une langue de vipère (de serpent). — (Qui est très médisant.)
— Avoir un estomac d'autruche. — (Qui digère tout.)
— Avoir une tête de linotte. — (Qui est très étourdi ou dépourvu de jugement.)
— Cou de cygne. — (Cou long et flexible.)
— Courir deux lièvres à la fois. — (Poursuivre deux buts différents.)
— Couver une maladie. — (Être malade à l'état latent.)
— Dévorer des yeux. — (Regarder avec avidité, avec passion.)
— Être le dindon de la farce. — (Dans une affaire, être victime ou ridiculisé.)
— Être muet comme une carpe. — (Garder un silence absolu.)
— Être une fine mouche. — (Être très rusé.)
— Faire des cuirs. — (Faire des fautes de liaison.)
— Faire des pattes de mouches. — (Écrire d'une façon peu lisible.)
— Faire la queue. — (Attendre pour entrer à tour de rôle.)
— Finir en queue de poisson. — (Se dit d'une affaire qui, tirant en longueur, finit par ne plus avoir d'importance.)

— Prendre le taureau par les cornes. — (Attaquer, affronter hardiment la difficulté.)
— Rat de bibliothèque. — (Personne qui passe son temps à consulter des livres dans une bibliothèque.)
— Rentrer dans sa coquille. — (Se retirer, s'isoler.)
— Ruminer un projet. — (Tourner et retourner une chose dans son esprit.)
— Tomber dans un guêpier. — (Position difficile, désagréable.)
— Un escalier en colimaçon. — (En spirale.)
— Verser des larmes de crocodile. — (Larmes hypocrites.)
— Voix de rossignol. — (Voix pure et flexible.)
— Voler de ses propres ailes. — (Se passer d'autrui.)

Proverbes

— À cheval donné, on ne regarde pas la bride.
(Il ne faut pas rechercher les imperfections d'un cadeau.)
— Bon chien chasse de race.
(On hérite généralement des qualités de sa famille.)
— Chat échaudé craint l'eau froide.
(On redoute même l'apparence de ce qui vous a déjà nui.)
— Donner un oeuf pour avoir un boeuf.
(Faire un petit présent dans l'espoir d'en recevoir un plus considérable.)
— Faute de grives, on mange des merles.
(À défaut de mieux, il faut se contenter de ce que l'on a.)
— Il ne faut jamais vendre la peau de l'ours avant de l'avoir tué.
(Il ne faut pas disposer d'une chose avant de la posséder.)
— Il y a anguille sous roche.
(Il se trame quelque intrigue.)
— La faim chasse le loup du bois.
(La nécessité contraint les hommes à faire des choses qui ne sont pas de leur goût.)
— La sauce fait manger le poisson.
(Se dit d'une chose désagréable mais que certains détails font supporter.)
— Le chat parti, les souris dansent.
(Quand maîtres ou chefs sont absents, écoliers ou subordonnés mettent à profit leur liberté.)

— Mettre la charrue devant les boeufs.
   (Commencer par où l'on devrait finir.)
— Morte la bête, mort le venin.
   (Un ennemi, un méchant ne peut plus nuire quand il est mort.)
— N'éveillez pas le chat qui dort.
   (Il ne faut pas réveiller une fâcheuse affaire, une menace assoupie.)
— Petit à petit, l'oiseau fait son nid.
   (À force de persévérance, on vient à bout d'une entreprise.)
— Qui se couche avec les chiens se lève avec les puces.
   (De mauvaises fréquentations ont des suites fâcheuses.)
— Qui veut tuer son chien l'accuse de rage.
   (Quand on en veut à quelqu'un, on l'accuse faussement.)
— Tous les chiens qui aboient ne mordent pas.
   (Les gens qui crient le plus fort ne sont pas les plus à craindre.)
— Une hirondelle ne fait pas le printemps.
   (On ne peut rien conclure d'un seul cas, un seul fait.)

B. LES PLANTES

Noms

abondance (une, l')
abricot (un, l')
ail (un, l')
amande (une, l')
ananas (un, l')
arbrisseau (un, l')
arbuste (un, l')
artichaut (un, l')
asperge (une, l')
atoca (un, l')
aubergine (une, l')
avoine (une, l')

blé (un, le)
bois (un, le)
bouleau (un, le)
bourgeon (un, le)
branche (une, la)
brocoli (un, le)

cactus (un, le)

canneberge (une, la)
cantaloup (une, la)
caoutchouc (un, le)
cèdre (un, le)
chêne (un, le)
chou-fleur (un, le)
cime (une, la)
coton (un, le)
courge (une, la)
culture (une, la)

datte (une, la)

éclosion (une, l')
écorce (une, l')
engrais (un, l')
épi (un, l')
épinard (un, l')
épine (une, l')
épinette (une, l')
épouvantail (un, l')

érable (un, l')
étang (un, l')

faîne (une, la)
faîte (un, le)
feuillage (un, le)
fève (une, la)
floralies (des, les)
flore (une, la)
forêt (une, la)
fougère (une, la)
fruit (un, le)

glaïeul (un, le)
gland (un, le)
groseille (une, la)

haie (une, la)
herbage (un, l')
herbe (une, l')
humidité (une, l')

jardinage (un, le)
jonquille (une, la)
jungle (une, la)

laitue (une, la)
légume (une, la)
lis (lys) (un, le)

maïs (un, le)
marécage (un, le)
marguerite (une, la)
melon (un, le)
merise (une, la)
merisier (un, le)
moisson (une, la)
muguet (un, le)

narcisse (un, le)
navet (un, le)
nénuphar (un, le)
noisette (une, la)
noix (une, la)
noyau (un, le)

oeillet (un, l')
oignon (un, l')
orge (une, l')
osier (un, l')

parterre (un, le)
pelouse (une, la)
pelure (une, la)
pensée (une, la)
pépin (un, le)
pétale (un, le)
peuplier (un, le)
pin (un, le)
pissenlit (un, le)
plant (un, le)
pollen (un, le)
pomme de terre (une, la)
potager (un, le)

quenouille (une, la)

racine (une, la)
raisin (un, le)
rameau (un, le)
ramure (une, la)
récolte (une, la)
rhubarbe (une, la)
roseau (un, le)

sapin (un, le)
saule (un, le)
savane (une, la)
sécheresse (une, la)
seigle (le)
semis (un, le)
serre (une, la)
sève (une, la)
sillon (un, le)
sol (un, le)

tige (une, la)
tisane (une, la)
transplantation (une, la)

tremble (un, le)
tronc (un, le)

vase (un, le)
verdure (une, la)

verger (un, le)
vigne (une, la)
violette (une, la)

Adjectifs

abondant(e)
annuel(elle)
bisannuel(elle)
branchu(e)
bulbeux(euse)
clairsemé(e)
dénudé(e)
désertique
éclos(e)
enraciné(e)
épineux(euse)
exotique
fané(e)
fertile
feuillu(e)
fleuri(e)
fragile
frêle
fruitier(ère)
forestier(ère)

grimpant(e)
hâtif(ive)
humide
ligneux(euse)
médicinal(e)
mûr(e)
odorant(e)
potager(ère)
précoce
rampant(e)
rocailleux(euse)
rugueux(euse)
stérile
touffu(e)
végétal(e)
vénéneux(euse)
verdoyant(e)
vert(e)
vivace

Verbes

abonder
arroser
bêcher
boiser
cueillir
déraciner
ébrancher
éclore
effeuiller
embaumer
émonder

enraciner
ensemencer
épanouir (s')
étioler (s')
faner
faucher
flétrir
fleurir
germer
glaner
greffer

herser
jardiner
labourer
mûrir
peler
planter
racler
ratisser
reboiser
récolter

remuer
replanter
sarcler
semer
tailler
tondre
transplanter
vaner
verdir

Adverbes

abondamment
annuellement
mûrement
précocement

sèchement
stérilement
vertement

Expressions et locutions

— Couvrir quelqu'un de fleurs. (Faire son éloge.)
— Être de bonne souche. (Venir d'une bonne famille.)
— Être sur des épines. (Être d'une grande inquiétude.)
— Être sur son terrain. (Parler de ce que l'on connaît bien.)
— Filer un mauvais coton. (Avoir sa santé, ses affaires compromises.)
— Manger les pissenlits par la racine. (Être enterré.)
— Marcher sur les plates-bandes de quelqu'un. (Empiéter sur ses attributions.)
— Ménager la chèvre et le chou. (Se conduire entre deux partis de manière à ne blesser ni l'un ni l'autre.)
— Prendre racine. (S'implanter quelque part, y demeurer longtemps.)
— Semer son argent. (Dépenser à profusion.)
— Tirer une épine du pied. (Débarrasser d'un souci.)
— Travailler pour des prunes. (Travailler pour des bagatelles, pour rien.)
— Trouver visage de bois. (Ne pas rencontrer la personne qu'on venait voir.)

111

Proverbes

— Abondance de biens ne nuit pas. (On accepte encore, par mesure de prévoyance, une chose dont on a déjà une quantité suffisante.)

— Couper l'arbre pour avoir le fruit. (Tarir la source de la richesse.)

— Il ne faut pas mettre le doigt entre l'arbre et l'écorce. (Il ne faut pas s'immiscer dans les débats de famille.)

— Il n'y a pas de rose sans épines. (Toute joie comporte une peine.)

— On reconnaît l'arbre à ses fruits. (C'est à ses actes qu'on connaît la valeur d'un homme.)

«Il faut se fier aux mots. Ils en savent plus que nous sur les choses.»

(Claude Roy)

«Il faut que chaque mot qui tombe soit le fruit bien mûr de la succulence intérieure...»

(Léon-Paul Fargue)

LE CORPS HUMAIN

AMORCE

QUELLE MERVEILLEUSE MACHINE!

Cette machine merveilleuse qu'est le corps humain pourrait, sous certains angles, se comparer avantageusement à cette autre machine qu'est l'automobile.

5 La charpente d'une automobile sert de fondation aux autres parties. Notre corps possède, lui, son ossature. Notre squelette, formé de plus de 200 os, nos articulations et nos muscles permettent les mouvements du corps. De plus, ce sont les muscles qui maintiennent les os en place, modèlent le corps et lui donnent sa forme extérieure.

10 Pour poursuivre notre comparaison sur l'automobile, notre corps possède aussi son moteur. Notre coeur, l'organe le plus important de notre corps, bat à un rythme d'environ 80 fois à la minute pour pomper le sang dans tout l'organisme. Ses battements varient d'un individu à l'autre, mais il bat plus vite, 15 par exemple, quand on fait de l'exercice ou quand on est agité ou anxieux.

L'enveloppe extérieure d'une automobile est la carrosserie. Pour notre corps, c'est l'épiderme ou la peau qui joue ce rôle important en le protégeant contre l'infection. C'est aussi la peau 20 qui transmet au cerveau les sensations de froid, de chaleur et toutes les autres sensations tactiles que nous pouvons éprouver.

Tout comme dans l'automobile, il y a aussi dans notre corps beaucoup d'autres parties qui ont un rôle bien précis à jouer. Ce 25 travail va te permettre de réaliser jusqu'à quel point le corps humain est lui aussi une machine formidable.

Un célèbre comédien, Bob Hope, a dit un jour: «Aujourd'hui, mon coeur a battu 103 389 fois, mon sang a parcouru 270 millions de kilomètres, j'ai respiré 23 040 fois, 30 j'ai absorbé 12,5 m³ d'air, j'ai prononcé 4 800 mots, remué 750 muscles principaux et j'ai fait travailler 7 millions de cellules grises de mon cerveau. Je suis fatigué!»

Mais ce n'est pas une excuse. Au travail ! ! !

(Texte préparé par l'équipe)

114

COMPRÉHENSION ET VOCABULAIRE

1. **Comment s'appelle la charpente de notre corps?** (5-7)
2. **Environ combien d'os comprend la charpente de notre corps?** (6)
3. **Que pouvons-nous considérer comme étant le moteur de notre corps?** (10-12)
4. **Comment s'appelle l'enveloppe extérieure du corps?** (18)
5. **Trouve un synonyme de** *squelette.* (5)
6. **Quel est l'antonyme d'***intérieur***?** (9)
7. **De quel nom vient l'adjectif** *merveilleuse***?**
8. **Quel organe pompe le sang?** (11)
9. **Quand le coeur bat-il plus vite que d'habitude?** (13-16)
10. **Trouve un mot de la même famille que** *sens.* (20)
11. **Que veut-on dire par** *sensations tactiles***?**
12. **Quel est le préfixe dans** *enveloppe***?**
13. **Quel mot peut-on former en ajoutant un préfixe au mot** *corps***?**
14. **Quel est le suffixe dans le mot** *formidable***?**
15. **Dans ce texte, le corps humain est comparé à l'automobile. Si l'on poursuivait ce jeu, quelles parties du corps correspondraient:**
    a) aux roues?   c) à l'essence?
    b) au système électrique?   d) au pare-soleil?

VOCABULAIRE ANALOGIQUE

1. **Comment appelle-t-on ces éléments de l'ossature?**

humérus — fémur — sternum — clavicule — omoplate — rotule — vertèbre — côtes — coccyx — cubitus

a) os mobile du genou
b) os de l'avant-bras
c) au nombre de 24, elles forment la cage thoracique
d) os plat situé en avant de la cage thoracique et sur lequel sont rattachées les côtes
e) os plat et mince situé en arrière de l'épaule
f) os de la cuisse
g) dernier os de la colonne vertébrale

h) os unique du bras
i) chacun des os courts formant la colonne vertébrale
j) petit os s'étendant du sternum à l'omoplate

> ouïe — toucher — odorat — goût — vue

2. **Quel sens permet:**
   a) d'entendre?
   b) de sentir
   c) de savourer?
   d) de voir?
   e) de toucher?

> sang — salive — urine — larme — sueur

3. **Comment s'appelle le liquide qui:**
   a) circule dans les veines et les artères?
   b) est extrait du sang par les reins et collecté par la vessie?
   c) est émis par les pores de la peau?
   d) est salé et qui s'écoule des paupières?
   e) humecte la bouche et les aliments?

4. **Donne cinq mots qui te sont inspirés par chacun des mots suivants.**
   a) tête
   b) organe
   c) jambe
   d) sang

FAMILLES DE MOTS

1. **Complète les phrases à l'aide des mots de même famille.**

> cheveux — chevelure — échevelé — chevelu — écheveler

   a) Ce jeune homme devra se faire couper les (...) s'il veut être admis dans l'armée.
   b) Ce chauve s'enduit le cuir (...) d'une lotion capillaire.
   c) Sa (...) ondulait sur ses épaules.
   d) Le vent du nord va vous (...) .
   e) Lorsqu'il est entré, il était tout (...) .

2. **Complète les phrases à l'aide des mots de même famille.**

> dents — dentine — dentition — dentaire — denture

a) Chez l'être humain, la première (...) commence vers le sixième mois.
b) La (...) est formée de 32 (...) .
c) L'hygiène (...) est un excellent moyen de conserver ses dents.
d) La (...) est l'ivoire des dents.

3. **Complète les phrases à l'aide des mots de même famille.**

> jambe — enjambée — unijambiste

a) Ce coureur s'est blessé à une (...) .
b) Cet (...) se débrouille très bien malgré son infirmité.
c) Il a franchi cet obstacle d'une seule (...) .

4. **Complète les phrases à l'aide des mots de même famille.**

> nez — nasales — narines — nasiller — nasillarde

a) Les ouvertures du nez sont les (...) .
b) Cette personne a une voix (...) .
c) (...) c'est parler comme si l'on avait le nez bouché.
d) L'organe de l'odorat, c'est le (...) .
e) Les fosses (...) sont des cavités du nez.

5. **Complète les phrases à l'aide des mots de même famille.**

> nerfs — énervé — nervosité — nerveux — énerver

a) Qu'avez-vous à vous (...) comme ça?
b) Avant le spectacle, les artistes étaient (...) .
c) Cet accident l'a (...) .

d) Ce bruit me tombe sur les (...) .

e) La (...) lui fait se ronger les ongles.

SENS DES MOTS

1. **Trouve dans le lexique (page 141) le nom qui correspond à chacune des définitions suivantes. La première lettre du mot t'est donnée.**

   a) cavité en dessous du bras (a...)
   b) vaisseau qui conduit le sang au coeur (v...)
   c) vaisseau qui conduit le sang aux organes (a...)
   d) liquide sécrété par le foie (b...)
   e) tube conduisant l'air aux poumons (t...)
   f) différence physique de l'homme et de la femme (s...)
   g) qui se sert également bien des deux mains (a...)
   h) cicatrice au milieu du ventre (n...)
   i) bosse sur la gorge des hommes (p...)
   j) grosse dent (m...)

2. **À l'aide de ton dictionnaire, trouve les différents sens de chacun des mots clés.**

   1) VEINE
      a) vaisseau sanguin
      b)° filon
      c) chance
      d) marque dans le bois

   1) Ce prospecteur est tombé sur une veine importante.
   2) Les veines du bois rehaussent la beauté de ce meuble.
   3) Il a eu de la veine aux courses.
   4) Il s'est coupé une veine.

   2) VIE
      a) temps de la naissance à la mort
      b) manière de vivre
      c) biographie
      d) profession

   1) Cet homme mène une vie misérable.
   2) Cet auteur a écrit la vie de Kennedy.
   3) Son frère a choisi la vie religieuse.
   4) Il a été bon toute sa vie.

118

3) TÊTE
  a) esprit, imagination
  b) sang-froid
  c) individu
  d) vie
  e) volonté
  f) direction

1) Le policier n'a pas perdu la tête.
2) Ce pompier a risqué sa tête pour sauver un enfant.
3) Fais à ta tête.
4) Bientôt tu seras en tête de cette compagnie.
5) J'ai des projets plein la tête.
6) L'entrée à ce spectacle est de 2 $ par tête.

4) TALON
  a) partie arrière du pied
  b) partie ajoutée à l'arrière
  c) partie d'une feuille de registre

1) Il a gardé tous ses talons de factures.
2) Des talons trop hauts sont nuisibles à la colonne vertébrale.
3) Cette chaussure m'a fait une ampoule sur le talon.

5) SQUELETTE
  a) charpente du corps
  b) carcasse, charpente
  c) personne maigre

1) Sur cette plage, il y a un vieux squelette de bateau.
2) Le squelette humain est composé de plus de 200 os.
3) Certains habitants de pays sous-développés sont de vrais squelettes.

3. **Choisis, d'après le sens de la phrase, la définition qui convient le mieux au mot en caractère gras.**
    a) Cet enfant malade ne dormait que dans les **bras** de sa mère.
        1) membre supérieur
        2) partie d'un fleuve
        3) support d'un fauteuil

    b) Il est revenu du magasin à **pied.**
        1) base d'un arbre
        2) syllabe
        3) extrémité de la jambe

    c) L'**oeil** est un organe très sensible.
        1) trou du pain
        2) partie du corps
        3) bulle de graisse

    d) Il s'est fait une **ampoule** à la main.
        1) lampe électrique
        2) blessure sur l'épiderme
        3) tube de sérum

    e) Ses **articulations** le font souffrir à chaque pas.
        1) bonne prononciation des sons
        2) énumération de faits dans un procès
        3) deux ou plusieurs os unis entre eux

    f) Cet accident lui a brisé le **bassin.**
        1) partie inférieure de l'abdomen
        2) vase large de forme ronde ou ovale
        3) partie d'un port à l'abri du vent

    g) Il s'est fait mal à la **cheville** en sautant du balcon.
        1) morceau de bois servant à boucher un trou
        2) sert à tendre ou détendre les cordes d'un instrument de musique
        3) partie du pied

    h) Un garrot sert à arrêter la **circulation.**
        1) usage des voies de communication
        2) mouvement du sang
        3) transaction économique

i) Il s'est coincé un **disque** en soulevant son tourne-disque.
   1) projectile lancé par les athlètes
   2) enregistrement sonore
   3) cartilage

j) Je me lave **la figure** chaque matin.
   1) personnalité
   2) visage humain
   3) exercice de patinage

4. **À l'aide de ton dictionnaire, trouve les différents sens de chacun des mots clés.**

1) SENS
   a) facultés par lesquelles l'organisme est renseigné
   b) opinion
   c) direction
   d) côté d'une chose

   1) J'abonde dans votre sens.
   2) Il se dirige dans le sens contraire.
   3) Tu couperas cette planche dans le sens de la longueur.
   4) L'être humain a cinq sens.

2) SOUFFLE
   a) vent produit par la bouche
   b) grand déplacement d'air
   c) respiration

   1) Le souffle d'une explosion atomique est très violent.
   2) Il a éteint toutes les chandelles du gâteau d'un seul souffle.
   3) Après un exercice violent, il faut arrêter pour reprendre son souffle.

3) FRONT
   a) partie avant du crâne
   b) hardiesse
   c) zone de bataille

   1) Ce malade a le front brûlant.
   2) Ce vétéran s'est fait blesser au front.
   3) Il a eu le front de venir me raconter ces bêtises.

4) CELLULE
   a) petite chambre
   b) prison
   c) élément constitutif de tout être vivant

   1) Les cellules de mon cerveau travaillent fort.
   2) Le geôlier a ouvert la porte de la cellule.
   3) Les moines vont se recueillir dans leur cellule.

5) CHAIR
   a) nature humaine
   b) pulpe des fruits
   c) en personne
   d) être sans caractère
   e) substance des muscles de l'homme et des animaux

   1) La chair du saumon est rose.
   2) La chair du melon est tendre.
   3) Je l'ai vu en chair et en os.
   4) La chair est faible.
   5) Cet homme n'est ni chair ni poisson.

5. **Choisis le terme approprié.**
   a) Le (foie, coeur, rein) sécrète de la bile.
   b) Une longue cicatrice au visage est une (barbe, cellule, balafre).
   c) Les (veines, artères, capillaires) ramènent le sang au coeur.
   d) L'ivoire des dents est la (dentine, dentition, denture).
   e) Lorsqu'on a la voix affaiblie, on est atteint d'une (dislocation, extinction, sécrétion) de voix.
   f) La rotule est un os du (genou, cou, coude).
   g) C'est (le cristallin, la pupille, l'iris) qui fait que les yeux ne sont pas tous de la même couleur.
   h) Dans les os, il y a de la (bile, moelle, sueur).
   i) Le corps humain sans les membres et la tête s'appelle (organe, tronc, squelette).
   j) Le sternum est situé dans la (poitrine, jambe, tête).

EXPRESSIONS ET LOCUTIONS

1. **Complète chacune des expressions suivantes à l'aide du nom approprié.**

> nez — toupet — reins — yeux — coeur — dos — ventre — gosier — pied — esprit

a) Avoir le (...) sur la main.
b) Avoir le (...) marin.
c) Avoir le (...) large.
d) Avoir du (...) .
e) Avoir des (...) de lynx.
f) Avoir les yeux plus grands que le (...) .
g) Avoir le (...) fin.
h) Avoir de l' (...) jusqu'au bout des doigts.
i) Avoir le (...) sec.
j) Avoir les (...) solides.

2. **Donne le sens de chacune des expressions suivantes en te servant des définitions du rectangle.**

> — en un instant
> — profondément
> — s'enfuir
> — de mauvaise humeur
> — se frayer un chemin en écartant ses voisins
> — en suspens
> — dépendre de très peu de chose
> — avec grand soin
> — parler bas
> — s'impatienter, s'inquiéter

a) tenir en haleine
b) tourner les talons
c) conserver comme la prunelle de ses yeux
d) se faire du mauvais sang
e) en un tour de main
f) jouer des coudes

123

g) ne tenir qu'à un cheveu

h) parler dans sa barbe

i) jusqu'à la moelle des os

j) être de mauvais poil

3. **Complète les comparaisons suivantes en te servant des données de gauche.**

a) errer   1) comme une bague au doigt

b) être bête   2) comme ses pieds

c) joli   3) comme un corps sans âme

d) aller   4) comme un genou

e) arriver   5) comme un boeuf

f) visible   6) comme une âme en peine

g) chauve   7) comme des doigts de fée

h) agile   8) comme un coeur

i) souffler   9) comme le nez au milieu du visage

j) être   10) comme des cheveux sur la soupe

PRÉFIXES ET SUFFIXES

PRÉFIXES

bi	— deux	micro	— petit
biblio	— livre	mono	— un, seul
em	— dans	semi	— à demi
en	— dans	super	— au-dessus de
mi	— moitié	tri	— trois

SUFFIXES

able	— possibilité, qualité	atoire	— local, endroit
ail	— sorte d'objet, instrument	eron	— métier
ais	— nationalité	et	— diminutif
ois	— nationalité	ette	— diminutif

1. **Trouve l'élément commun (préfixe ou suffixe):**

   a) **dans**
      — biceps
      — biplane   (...)
      — bilingue
      Que signifie-t-il? (...)
      Donne un autre exemple: (...)

   b) **dans**
      — Hongrois
      — Chinois   (...)
      — Suédois
      Que signifie-t-il? (...)
      Donne un autre exemple: (...)

   c) **dans**
      — emprisonner
      — embouchure   (...)
      — empreinte
      Que signifie-t-il? (...)
      Donne un autre exemple: (...)

   d) **dans**
      — livret
      — poulet   (...)
      — carnet
      Que signifie-t-il? (...)
      Donne un autre exemple: (...)

   e) **dans**
      — triplés
      — tricorne   (...)
      — triforme
      Que signifie-t-il? (...)
      Donne un autre exemple: (...)

   f) **dans**
      — maniable
      — pliable   (...)
      — sciable
      Que signifie-t-il? (...)
      Donne un autre exemple: (...)

g) **dans**
- superficiel
- supersonique (...)
- superman

Que signifie-t-il? (...)
Donne un autre exemple: (...)

h) **dans**
- éventail
- soupirail (...)
- gouvernail

Que signifie-t-il? (...)
Donne un autre exemple: (...)

i) **dans**
- microbe
- microphone (...)
- microfilm

Que signifie-t-il? (...)
Donne un autre exemple: (...)

j) **dans**
- gouttelette
- boulette (...)
- tablette

Que signifie-t-il? (...)
Donne un autre exemple: (...)

2. a) **Quel mot possède le suffixe *eron* signifiant *métier*?**
   1) moucheron   2) bûcheron   3) biberon

b) **Quel mot ne possède pas le préfixe *biblio* signifiant *livre*?**
   1) bibliothèque 2) bibliophile   3) bilboquet

c) **Quel mot possède le suffixe *atoire* signifiant *lieu*?**
   1) laboratoire   2) circulatoire   3) respiratoire

d) **Quel mot ne possède pas le préfixe *bi* signifiant *deux*?**
   1) biceps   2) bident   3) bile

e) **Quel mot possède le suffixe *able* signifiant *qualité*?**
   1) sable   2) aimable   3) table

f) **Quel mot possède le préfixe *mi* signifiant *moitié*?**
   1) mire   2) mime   3) milieu

g) **Quel mot possède le suffixe *ois* signifiant *nationalité*?**
   1) mois   2) Danois   3) trois

h) **Quel mot ne possède pas le préfixe *tri* signifiant *trois*?**
   1) triceps   2) trille   3) triplets

i) **Quel mot ne possède pas le préfixe *mi* signifiant *moitié*?**
   1) miel   2) mi-jambe   3) mi-côte

j) **Quel mot possède le suffixe *ais* signifiant *nationalité*?**
   1) jamais   2) Français   3) épais

3. **Choisis, dans le rectangle, le mot qui convient à chacune des définitions et indique le préfixe ou le suffixe.**

> toupet — siamois — semi-circulaire — triceps — respirable — embonpoint — bimane — garçonnet — enjamber — vigneron

a) qui a deux mains
b) qu'on peut respirer
c) faire un grand pas
d) petite touffe de cheveux
e) muscles ayant trois faisceaux à l'une de leurs extrémités
f) en demi-cercle
g) personne qui cultive la vigne
h) état d'une personne un peu grasse
i) du royaume de Siam
j) jeune garçon

SYNONYMES ET ANTONYMES

1. **Identifie un synonyme pour chaque mot de gauche.**
   a) torse :   tête, thorax, jambe, cou
   b) suer :   trembler, réagir, saigner, transpirer
   c) vaisseau
      sanguin :   teint, artère, système, coeur
   d) ventre :   vertèbre, abdomen, radius, corpulence
   e) énergie :   vigueur, réflexe, méninge, faiblesse
   f) velu :   ventru, poilu, svelte, musclé

g) indispensable :   secondaire, infirme, vital, haletant
h) réaction :   réflexe, relaxation, trompe, vision
i) endurance :   tissu, résistance, tendon, stature
j) aspirer :   étouffer, suffoquer, résister, respirer

2. **Remplace le mot entre parenthèses par un synonyme contenu dans le rectangle.**

> robustesse — stature — ossature — sensible — étourdissement — soupir — épiderme — extinction — amputés — silhouette

a) (charpente)   C'est une personne d'une solide (...) .

b) (force)   Il se sert de sa (...) pour arrêter l'adversaire.

c) (ligne)   Cette personne a une (...) élégante.

d) (souffle)   Sa voix n'était plus qu'un (...) .

e) (taille)   Ils étaient tous des joueurs d'une haute (...) .

f) (émotif)   C'est une personne très (...) .

g) (mutilé)   Les (...) nous demandent de les aider.

h) (peau)   Trop de soleil peut être dangeureux pour l' (...) .

i) (évanouissement)   Il a été victime d'un léger (...) .

j) (arrêt)   En plein discours, il a été surpris par une (...) de voix.

3. **Identifie un antonyme pour chaque mot de gauche.**
   a) dureté :   insensibilité, froideur, sensibilité, cruauté
   b) productif :   fertile, stérile, fécond, efficace
   c) agitation :   énervement, irritation, nervosité, calme
   d) frêle :   chétif, musclé, faible, mou
   e) dispos :   alerte, frais, calme, haletant
   f) vigoureux :   fort, robuste, impotent, gaillard
   g) puissance :   énergie, fermeté, force, défaillance
   h) gracieux :   beau, difforme, normal, parfait
   i) assembler :   joindre, monter, disloquer, unifier
   j) contracter ;   détendre, tendre, ennuyer, importuner

4. **Remplace le mot entre parenthèses par l'antonyme approprié.**

embonpoint — gaucher — crépue — croître — affaiblir —
chauves — souplesse — échevelé — handicapé — blême

a) (raideur)   Son corps manque de (...) .
b) (maigreur)   Il fait beaucoup d'exercices pour se guérir de
                  son (...) .
c) (avantagé)   Il a été (...) par cet accident.
d) (diminuer)   On voyait les forces du malade (...) chaque
                  jour.
e) (droitier)   L'équipe se cherche un bon lanceur (...) .
f) (peigné)   À la sortie de chez son coiffeur, le vent l'a
                  complètement (...) .
g) (raide)   La majorité des hommes noirs ont une cheve-
                  lure (...) .
h) (rougeaud)   Son teint me semble un peu trop (...) .
i) (chevelu)   Beaucoup de gens craignent de devenir (...) .
j) (renforcir)   Cette maladie peut (...) considérablement.

FORMATION DES MOTS

1. **Trouve le nom correspondant à chacun des adjectifs suivants.**
   a) abdominal   f) labial
   b) buccal   g) nasal
   c) digital   h) stomacal
   d) dorsal   i) vocal
   e) facial   j) vaginal

2. **Trouve le nom correspondant à chacun des verbes.**

Verbe	Nom
a) amputer un bras	l' (...) du bras
b) se dégourdir les jambes	le (...) des jambes
c) disloquer une épaule	la (...) de l'épaule
d) digérer un aliment	la (...) d'un aliment
e) s'essouffler au travail	l' (...) au travail
f) faire saigner une plaie	le (...) d'une plaie
g) sécréter de la bile	la (...) de la bile
h) faire transpirer le corps	la (...) du corps

129

i) se crisper les mains sur le volant   la (...) des mains sur le volant

j) s'étouffer avec de la nourriture   l' (...) par la nourriture

3. **Trouve l'adjectif correspondant à chacun des noms suivants.**
   a) crâne
   b) coeur
   c) sang
   d) corps
   e) dent
   f) disque
   g) poil
   h) muscle
   i) oeil
   j) vie

4. **À partir du mot donné, fournis les trois autres sortes de mots de la même famille (nom, adjectif, verbe ou adverbe).**
   a) vue
   b) énerver
   c) faible
   d) surdité

«Les mots valent plus que toutes les monnaies.
Et ils sont là, cordés comme du bois, dans le dictionnaire, tu n'as qu'à ouvrir au hasard...»

(Jacques Godbout)

TEXTES

VOTRE SQUELETTE

Si vous avez déjà vu un squelette, vous avez constaté avec étonnement qu'il est composé d'un grand nombre d'os de toutes formes : des petits, des gros, des longs, des courts, des plats et des ronds. Avec beaucoup de patience, vous auriez pu compter
5 plus de 200 os!

Les os de votre squelette forment la charpente de votre corps. Même sans les voir, vous pouvez les palper au travers de la peau. Commencez par votre tête. Les os durs que vous palpez, sous la peau et les cheveux, forment votre crâne.

10 Derrière votre cou, vous remarquerez de petits os très durs. Ils forment votre colonne vertébrale qui se prolonge tout le long de votre dos.

Si vous vous palpez le milieu de la poitrine, vous remarquerez un os plat, assez long. C'est le sternum. Palpez maintenant
15 de chaque côté. Vous découvrirez des os courbés qui vont se rattacher à votre colonne vertébrale. Ce sont les côtes.

À la hauteur de vos hanches, vous sentirez, de chaque côté de votre corps, les os du bassin. Dans chaque jambe un os assez long relie la hanche au genou. Comme cet os est recouvert de
20 muscles, il vous sera plus difficile à palper. Enfin deux os relient le genou à la cheville pour se rattacher ensuite aux os du pied.

Palpez-vous maintenant les os du bras. Un os relie l'épaule au coude et il y a deux os entre le coude et le poignet.

Les os de votre corps sont de longueur et de formes
25 différentes, afin d'accomplir des tâches différentes.

Les os longs servent à supporter le corps et lui aident à exécuter les grands mouvements. Vous en trouverez quelques-uns dans chaque bras.

Les os courts sont semblables aux os longs sauf qu'ils sont
30 plus petits. Vous les trouvez dans les régions du corps qui doivent faire des gestes courts et rapides.

Les os plats protègent les principaux organes du corps, comme le cerveau, le coeur et les poumons. La poitrine renferme des organes importants. Les côtes et le sternum
35 protègent ces organes. De tous les os plats, seules les côtes sont mobiles. Durant la respiration, l'air fait monter et descendre les côtes et votre poitrine se soulève et s'affaisse.

On trouve aussi d'autres os dans notre corps. Certains ont des formes plutôt bizarres. Parmi ceux-ci, les plus importants
40 sont les petits os de la colonne vertébrale. Ces petits os s'emboîtent les uns au-dessus des autres. Ils s'enchaînent ainsi pour relier votre tête aux os du bassin.

Les os de la colonne vertébrale sont troués. Ces ouvertures permettent le passage des nerfs qui transmettent des messages
45 aux muscles et aux autres parties du corps.

Si vous n'aviez pas d'os de colonne vertébrale, vous ne pourriez pas vous asseoir ou vous tenir debout. Vous vous affaisseriez comme une poupée de chiffons ou comme une méduse.
50 De plus, si vous n'aviez pas d'os du tout, les muscles seraient privés de leurs points d'attache. Sans muscles, il vous serait impossible de marcher ou de courir.

Vous et votre santé, W.J. Gage Limitée, pages 84-88.

COMPRÉHENSION

1. **Combien d'os avons-nous?** (5)
2. **Quel nom donne-t-on à l'os ou aux os:**
   a) qui sont sous les cheveux? (9)
   b) qui sont derrière le cou et qui se prolongent tout le long du dos? (11-12)
   c) qui est au milieu de la poitrine? (14)
   d) qui sont de chaque côté de la poitrine? (14-16)
   e) qui sont à la hauteur des hanches, de chaque côté du corps? (17-18)
3. **À quoi servent les os longs?** (26-28)
4. **Que protègent les os plats?** (32-33)
5. **Quels os protègent les organes de la poitrine?** (34-35)
6. **À quoi servent les petits trous dans les os de la colonne vertébrale?** (43-45)
7. **Écris la phrase qui contient une comparaison vers la fin du texte.** (47-49)

VOCABULAIRE

1. **Trouve, à l'aide de ton dictionnaire, le sens des mots suivants.**
   a) palper
   b) s'affaisser
   c) chiffon
   d) méduse

2. **Quels noms du texte peux-tu former à partir des adjectifs suivants?**
   a) osseux
   b) pulmonaire
   c) crânien
   d) organique
   e) vertébral
   f) respirable
   g) musculaire
   h) nerveux

3. **Que signifie le mot *charpente* dans l'expression *la charpente de votre corps*?**

4. **Que signifie le préfixe:**
   a) *em* dans *s'emboîtent*?
   b) *en* dans *s'enchaînent*?

5. **Que signifie le suffixe *able* dans *semblable*?**

6. **Trouve trois adjectifs ayant chacun son antonyme dans les phrases 2 et 3.**

7. **Trouve un mot de la même famille que *longueur*. (11)**

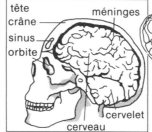

artère
pulmonaire

coeur

veine
cave

aorte

tête
crâne

sinus

orbite

méninges

cervelet

cerveau

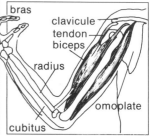

bras

clavicule
tendon
biceps

radius

omoplate

cubitus

poumons

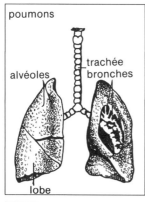

alvéoles

trachée
bronches

lobe

squelette

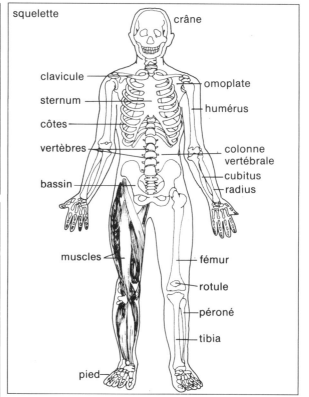

crâne

clavicule

sternum

côtes

vertèbres

bassin

muscles

omoplate

humérus

colonne
vertébrale

cubitus
radius

fémur

rotule

péroné

tibia

pied

circulation sanguine

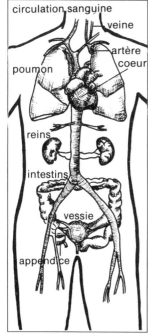

veine

artère
coeur

poumon

reins

intestins

vessie

appendice

foie

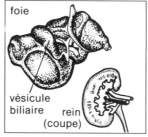

vésicule
biliaire

rein
(coupe)

dent (coupe)

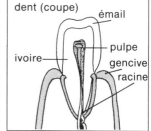

émail

pulpe

ivoire

gencive

racine

LE MIRACLE DU MUSCLE

Un chien agite la queue. Tu te grattes le nez. Ces actions semblent simples et communes. Cependant, elles sont vraiment plus complexes que le fonctionnement d'une bombe atomique. La contraction musculaire est tellement mystérieuse qu'elle a
5 dérouté même les meilleurs hommes de science.

Plus de la moitié du corps humain est constitué de muscles. Les muscles jouent un rôle dans tout ce que nous faisons. Ils fournissent presque toute la chaleur de notre corps, conduisent la nourriture dans l'estomac et les intestins, introduisent la
10 nourriture dans l'estomac et les intestins, introduisent l'air dans les poumons, font sortir les larmes de nos yeux. Et lorsque le muscle du coeur cesse de fonctionner, il a battu deux milliards et demi de fois au cours d'une vie de 70 ans.

Nous parlons de «muscles de fer». Toutefois, la partie du
15 muscle qui travaille est une gelée molle. Comment cette gelée se contracte pour soulever plus de 1 000 fois son poids, c'est là un miracle. Quand un muscle se contracte, il provoque une série d'actions chimiques et électriques qu'on prendrait des heures ou des jours à reproduire dans un laboratoire. Par contre, dans
20 un muscle — un clignement de l'oeil, par exemple — cela se produit en moins d'une seconde.

Il y a trois sortes de muscles dans le corps humain. Il y a d'abord les muscles «striés» qui ressemblent à des faisceaux de fils de la grosseur d'un cheveu. Ce sont les muscles qui servent
25 aux mouvements, qui nous font avancer dans la marche, qui nous font lever une fourchette à table, qui nous font incliner la tête. Ensuite, il y a les muscles «lisses». Ces muscles travaillent sans que nous leur disions de le faire comme, par exemple, lorsque les intestins entrent en mouvement pendant la
30 digestion. On trouve un troisième type de muscles dans le coeur. Sur le plan de la structure, ils se situent entre les deux autres types.

Tous les types de muscles sont des machines admirablement efficaces pour changer l'énergie chimique (nourriture) en
35 énergie mécanique (travail).

On a écrit des milliers de livres et d'articles sur les muscles. Mais aucun n'explique tout à fait le procédé par lequel les muscles se contractent ou comment on agite un orteil.

Ce sont des mystères comme ceux-là que les savants

135

₄₀ essaient d'éclaircir. Ils ont pris des muscles séparément, puis les ont fixés ensemble, essayant ainsi de trouver le mécanisme de l'action musculaire.

Il semble que le muscle n'est jamais tout à fait relaxé. Parce qu'il est en partie tendu, un peu comme un ressort, il est prêt à ₄₅ entrer instantanément en action dès que le message électrique transmis par le cerveau lui ordonne de se contracter.

Mais les muscles peuvent mourir par manque d'exercice. Le patient à l'hôpital, qui mange des repas bien équilibrés mais qui, en sortant de son lit, est trop faible pour marcher, en est un bon ₅₀ exemple. La raison en est que nos muscles sont nourris par des milliers de mille de vaisseaux capillaires semblables à des cheveux. Chez les gens inactifs, un grand nombre de ces vaisseaux capillaires sont fermés la plupart du temps. Seul l'exercice peut les ouvrir et fournir de la nourriture aux muscles.

₅₅ Le directeur du laboratoire d'aptitudes physiques d'une université a dit : «Il faut reconnaître que la santé physique n'est pas une chose que nous obtenons dans le gymnase d'un collège et que nous pouvons ensuite oublier. On peut améliorer sa forme presqu'à tout âge.»

Savoir lire, niveau 6, livret «A», Sélection du Reader's Digest (Canada) Ltée, 1974, p. 65-68.

COMPRÉHENSION

1. **Nomme quatre rôles que les muscles jouent dans tout ce que nous faisons.** (6-11)

2. **De quoi est faite la partie du muscle qui travaille?** (15)

3. **À quoi servent les muscles striés?** (24-26)

4. **Est-ce que le muscle relaxe souvent?** (43-46)

5. **À quoi sont comparés nos milliers de mille de vaisseaux capillaires?** (52)

6. **Qu'est-ce qui fournit de la nourriture aux muscles?** (54)

7. **Y a-t-il un âge précis pour améliorer sa santé physique?** (58-59)

VOCABULAIRE

1. **Trouve, dans le 2e paragraphe, le nom qui correspond à chacune des définitions suivantes.**
   a) aliment
   b) organe formé de fibres assurant les mouvements
   c) partie du système digestif
   d) principal organe de l'appareil respiratoire
   e) liquide salé produit par deux glandes situées sous les paupières
   f) principal organe de la circulation du sang

2. **Trouve dans le lexique (page 148) une expression comportant le nom *cheveu*.**

3. **Trouve un antonyme pour chacun des mots suivants.**
   a) complexes (1) c) ouverts (52)
   b) relaxé (43) d) incliner (26)

4. **Trouve, pour chacun des mots suivants, un synonyme dans le texte.**
   a) remue (1) c) pleurs (11)
   b) immobiles (52) d) annonce (43-46)

5. **Que signifie le suffixe:**
   a) *atoire* dans *laboratoire*?
   b) *ette* dans *fourchette*?

6. **Forme:**
   a) un adverbe à partir de *vrai*;
   b) un adjectif à partir de *muscle*;
   c) un nom à partir de *scientifique*;
   d) un verbe à partir de *ouverture*.

7. **Trouve un mot de la même famille.**
   a) homme (6) b) nourrir (9)

137

DICTÉES

Phrases détachées

a) Le (...) arrive au (...) par les (...) et en ressort par les (...) .

b) La maladie a atteint les (...) de son cerveau. Il pourrait être (...) et (...) (...) .

c) Les systèmes (...) , (...) , (...) , (...) , (...) et (...) font fonctionner la machine (...) .

d) L' (...) , la (...) , le (...) , l'ouïe et le (...) sont les (...) qui permettent à la personne de se renseigner sur son environnement.

(Texte préparé par l'équipe)

VOTRE CROISSANCE

La croissance (...) se produit par poussées. Toutes les parties de votre corps ne croissent pas selon le même rythme et n'atteignent pas leurs proportions adultes au même moment. Les (...) , les (...) et le (...) peuvent atteindre leur maturité bien avant que les (...) , les (...) et le (...) n'aient terminé leur croissance.

En comprenant comment se manifeste la (...) physique, vous ne devez plus vous tracasser de paraître un peu maladroit. Cette gaucherie est la conséquence naturelle de l'inégalité de croissance des (...) , des (...) et des (...) .

Tôt ou tard, chaque fille subira une poussée de croissance en (...) et en (...) . Le (...) et l'organisme se transformeront pour en faire une jeune (...) .

Tôt ou tard, chaque (...) subira aussi une poussée de croissance en poids et en taille. La (...) deviendra plus grave, des (...) apparaîtront au (...) et l' (...) se transformera pour en faire un jeune homme.

Vous et les autres, Gage, Montréal, pages 154-157.

RÉDACTION

Choisis un sujet de rédaction parmi les trois sujets suivants.

a) **Compose cinq phrases sur le *corps humain.* Chaque phrase devra contenir au moins trois mots du lexique (page 141).**

b) **Tu as sans doute déjà vécu une situation énervante. Fais-nous connaître les réactions physiques de ton corps.**

c) **Imagine un dialogue entre le coeur et les poumons où chacun prétend travailler plus que l'autre et raconte-le oralement à la classe.**

JEU ÉDUCATIF

Mot mystère

Mot de 9 lettres désignant la charpente du corps

C	O	M	M	I	S	S	U	R	E	M	A	R
S	T	E	N	G	I	O	P	Q	C	A	M	O
T	O	U	U	N	N	U	E	E	N	U	Y	T
N	R	V	U	T	O	N	G	L	E	R	G	E
E	S	S	N	C	D	N	L	E	I	I	D	M
M	E	E	R	F	A	L	A	B	C	C	A	G
E	D	T	E	L	L	O	M	E	S	U	L	A
L	I	G	A	M	E	N	T	G	N	L	E	R
F	T	H	T	U	U	E	T	R	O	A	A	H
I	P	E	X	S	R	U	E	O	C	I	I	P
N	I	E	S	E	I	N	O	G	A	R	N	A
E	S	I	A	C	C	O	U	C	H	E	E	I
R	T	N	E	M	E	H	C	N	A	H	E	D

1. Femme qui vient de mettre un enfant au monde (9) : (A...)
2. Jeune homme d'une beauté remarquable (6) : (A...)
3. Ensemble de cellules ayant même structure, même fonction (5) : (T...)
4. Action de se déhancher (12) : (D...)
5. Cavité dans certains os de la tête (5) : (S...)
6. Partie cornée qui couvre le dessus du bout des doigts (5) : (O...)
7. Chacun des petits os qui composent les doigts et les orteils (8) : (P...)
8. Moment de la vie qui précède immédiatement la mort (6) : (A...)
9. En opposition avec corps (3) : (A...)
10. Organe de la gorge (8) : (A...)
11. Le petit doigt de la main (11) : (A...)
12. Longue blessure au visage (7) : (B...)

13. Point de jonction des lèvres (10) : (C...)
14. Artère (5) : (A...)
15. Principal organe de la circulation du sang (5) : (C...)
16. Partie du corps entre le haut de la cuisse et le bas-ventre (4) : (A...)
17. Partie postérieure de la jambe (6) : (M...)
18. Qui a un sexe (5) : (S...)
19. Faculté de voir (3) : (V...)
20. Partie du corps comprenant les épaules et la poitrine (5) : (T...)
21. Organe servant à broyer la nourriture (4) : (D...)
22. Partie du corps qui joint la tête aux épaules (3) : (C...)
23. Muscle qui sépare la poitrine de l'abdomen (10) : (D...)
24. Partie antérieure du cou (5) : (G...)
25. Sert à relier les os des articulations (8) : (L...)
26. Articulation qui joint la main à l'avant-bras (7) : (P...)
27. Action de renifler (11) : (R...)
28. Bruit émis par la bouche (3) : (R...)
29. Poitrine d'une femme (4) : (S...)
30. Celui qui est conscient en a (10) : (C...)

LEXIQUE

Noms

abdomen (un, l')
accouchée (une, l')
acuité (une, l')
adonis (un, l')
affaiblissement (un, l')
afflux (un, l')
agileté (une, l')
agonie (une, l')
aine (une, l')
aisselle (une, l')
allure (une, l')
ambidextre (un, une, l')
âme (une, l')
ampoule (une, l')
amputation (une, l')
amputé (un, l')
amputée (une, l')
amygdale (une, l')
annulaire (un, l')
anus (un, l')
aorte (une, l')
appendice (un, l')
artère (une, l')
articulation (une, l')
auriculaire (un, l')
autodéfense (une, l')
avant-bras (un, l')

balafre (une, la)
barbe (une, la)
barbiche (une, la)
bassin (un, le)
bas-ventre (un, le)
battement (un, le)
bave (une, la)
bedaine (une, la)
bedon (un, le)
bile (une, la)

bouche (une, la)
bras (un, le)
bronche (une, la)

cadavre (un, le)
cage thoracique (une, la)
canine (une, la)
capillaire (un, le)
cartilage (un, le)
cellule (une, la)
cerveau (un, le)
cervelle (une, la)
chair (une, la)
charpente osseuse (une, la)
chevelure (une, la)
cheveu (un, le)
cheville (une, la)
cil (un, le)
circulation (une, la)
clavicule (une, la)
coccyx (un, le)
coeur (un, le)
colonne vertébrale (une, la)
colosse (un, le)
coma (un, le)
commissure (une, la)
conception (une, la)
contraception (une, la)
conscience (une, la)
coordination (une, la)
corps (un, le)
corpulence (une, la)
cortex (un, le)
côte (une, la)
côté (un, le)
cou (un, le)
coude (un, le)
courbature (une, la)

crachat (un, le)
crâne (un, le)
crispation (une, la)
croissance (une, la)
cubitus (un, le)
cuisse (une, la)

défaillance (une, la)
dégourdissement (un, le)
déhanchement (un, le)
démarche (une, la)
dent (une, la)
dentine (une, la)
dentition (une, la)
denture (une, la)
derrière (un, le)
diaphragme (un, le)
difformité (une, la)
digestion (une, la)
dislocation (une, la)
disque (un, le)
doigt (un, le)
dos (un, le)
droitier (un, le)

échine (une, l')
embonpoint (un, l')
enjambée (une, l')
épaule (une, l')
épiderme (un, l')
épine dorsale (une, l')
équilibre (un, l')
essoufflement (un, l')
estomac (un, l')
éternuement (un, l')
étouffement (un, l')
étourdissement (un, l')
extinction (une, l')

face (une, la)
faiblesse (une, la)
fatigue (une, la)

favoris (des, les)
fécondité (une, la)
fémur (un, le)
fesse (une, la)
figure (une, la)
fille (une, la)
foie (un, le)
fontanelle (une, la)
fossette (une, la)
frimousse (une, la)
front (un, le)
frontal (un, le)

ganglion (un, le)
garçon (un, le)
gargouillement (un, le)
gaucher (un, le)
gencive (une, la)
genou (un, le)
glande (une, la)
globule (une, la)
gorge (une, la)
gosier (un, le)
goût (un, le)
graisse (une, la)
grimace (une, la)

haleine (une, l')
halètement (un, le)
hanche (une, la)
handicapé (un, l')
handicapée (une, l')
hémorragie (une, l')
hormone (une, l')
humérus (un, l')

impotence (une, l')
impotent (un, l')
impotente (une, l')
incisive (une, l')
index (un, l')
indigestion (une, l')

infirme (un, une l')
infirmité (une, l')
intestin (un, l')
iris (un, l')

jambe (une, la)
jarret (un, le)
jointure (une, la)
joue (une, la)

langue (une, la)
larme (une, la)
larynx (un, le)
lèvre (une, la)
ligament (un, le)
lymphe (une, la)

mâchoire (une, la)
maigreur (une, la)
main (une, la)
majeur (un, le)
mamelon (un, le)
maxillaire (un, le)
médius (un, le)
membre (un, le)
méninge (une, la)
menstruation (une, la)
mental (un, le)
minois (un, le)
moelle épinière (une, la)
molaire (une, la)
mollet (un, le)
mue (une, la)
muscle (un, le)
musculature (une, la)

narine (une, la)
nerf (un, le)
nervosité (une, la)
nez (un, le)
nombril (un, le)
nuque (une, la)

obésité (une, l')
occiput (un, l')
odorat (un, l')
oeil (un, l')
oesophage (un, l')
omoplate (une, l')
ongle (un, l')
oreille (une, l')
organe (un, l')
organisme (un, l')
orteil (un, l')
os (un, l')
ossature (une, l')
ovaire (un, l')
ovule (un, l')

palais (un, le)
pancréas (un, le)
papille (une, la)
paume (une, la)
paupière (une, la)
peau (une, la)
pénis (un, le)
périoste (un, le)
péroné (un, le)
phalange (une, la)
physionomie (une, la)
physique (un, le)
pied (un, le)
pigment (un, le)
pigmentation (une, la)
plante du pied (une, la)
poids (un, le)
poignet (un, le)
poil (un, le)
poing (un, le)
poitrine (une, la)
pomme d'Adam (une, la)
pore (un, le)
pouce (un, le)
poumon (un, le)

prunelle (une, la)
pubis (un, le)
pupille (une, la)

race (une, la)
racisme (un, le)
radius (un, le)
raidissement (un, le)
rate (une, la)
rectum (un, le)
réflexe (un, le)
regard (un, le)
rein (un, le)
relaxation (une, la)
reniflement (un, le)
reproduction (une, la)
résistance (une, la)
respiration (une, la)
rétine (une, la)
ride (un, le)
robustesse (une, la)
ronflement (un, le)
rot (un, le)
rotule (une, la)
rougeur (une, la)
rousseur (une, la)

saignée (une, la)
saignement (un, le)
salive (une, la)
sang (un, le)
scrotum (un, le)
sécrétion (une, la)
sein (un, le)
selles (des, les)
sens (un, le)
sensation (une, la)
sensibilité (une, la)
sensualité (une, la)
sexe (un, le)
sexualité (une, la)

silhouette (une, la)
sinus (un, le)
souffle (un, le)
soupir (un, le)
souplesse (une, la)
sourcil (un, le)
sourire (un, le)
spermatozoïde (un, le)
sperme (un, le)
squelette (un, le)
stature (une, la)
strérilité (une, la)
sternum (un, le)
sueur (une, la)
suffocation (une, la)
système (un, le)

taille (une, la)
talon (un, le)
teint (un, le)
tempe (une, la)
tendon (un, le)
testicule (un, le)
tête (une, la)
thorax (un, le)
thymus (un, le)
tibia (un, le)
tissu (un, le)
torse (un, le)
toucher (un, le)
toupet (un, le)
trachée-artère (une, la)
transpiration (une, la)
triceps (un, le)
trompe (une, la)
tronc (un, le)
tube digestif (un, le)
tympan (un, le)

unijambiste (un, une, le, la)
urine (une, l')

utérus (un, l')

vagin (un, le)
vaisseau (un, le)
veine (une, la)
ventre (un, le)
verge (une, la)
vertèbre (une, la)
vésicule biliaire (une, la)
vessie (une, la)
vie (une, la)

vigueur (une, la)
visage (un, le)
viscère (un, le)
vision (une, la)
vitalité (une, la)
vivant (un, le)
voix (une, la)
vue (une, la)
vulve (une, la)

Adjectifs

abdominal(e)
adipeux(euse)
affaibli(e)
agile
alerte
amaigri(e)
ambidextre
anal(e)
aphone
aquilin
artériel(elle)
ballant(e)
barbu(e)
bedonnant(e)
biliaire
bimane
blême
bombé(e)
bossu(e)
boursoufflé(e)
bronzé(e)
buccal(e)
canine
cardiaque
cervical(e)
chancelant(e)
chauve

chevelu(e)
circulatoire
congénital(e)
consanguin(e)
contraceptif(ive)
corporel(elle)
corpulent(e)
costaud
courbaturé(e)
courbé(e)
court(e)
crânien(enne)
crépu(e)
creux(euse)
cubital(e)
débile
dentaire
difforme
digestif(ive)
digital(e)
discal(e)
dorsal(e)
droitier(ère)
ébouriffé(e)
échevelé(e)
édenté(e)
enceinte

énervé(e)
épinière
éraillé(e)
éreintant(e)
étouffant(e)
étourdissant(e)
facial(e)
faible
fatigant(e)
fécond(e)
frisé(e)
frontal(e)
galant(e)
génital(e)
gourd(e)
gracieux(euse)
grassouillet(ette)
grimaçant(e)
gustatif(ive)
hagard(e)
haletant(e)
handicapé(e)
hormonal(e)
humain(e)
impotent(e)
infatigable
infirme
intestinal(e)
labial(e)
ligamenteux(euse)
maigre
manchot(e)
menstruel(elle)
mental(e)
musclé(e)
musculaire
nasal(e)
nasillard(e)
nerveux(euse)
obèse

oculaire
ondulé(e)
osseux(euse)
pâle
pariétal(e)
pectoral(e)
peigné(e)
pendant(e)
perçant(e)
physique
poilu(e)
pointu(e)
potelé(e)
pulmonaire
rabougri(e)
racial(e)
raciste
raide
recroquevillé(e)
rectal(e)
rénal(e)
reproductif(ive)
résistant(e)
respiratoire
retroussé(e)
rêveur(euse)
ridé(e)
rieur(euse)
robuste
rondelet(ette)
ronflant(e)
rougissant(e)
saignant(e)
saillant(e)
salivaire
sanguin(e)
sensible
sensuel(elle)
sexué(e)
sexuel(elle)

souple
sourcilier(ère)
sourd(e)
souriant(e)
squelettique
stérile
stomacal(e)
surhumain(e)
svelte
tactile
temporal(e)
thoracique
tombant(e)
touffu(e)
trapu(e)

unijambiste
urinaire
utérin(e)
vaginal(e)
veineux(euse)
velu(e)
ventral(e)
ventru(e)
vertébral(e)
vif(ive)
viscéral(e)
visuel(elle)
vital(e)
vocal(e)
voûté(e)

Verbes
accoucher
accouder
affaiblir
affaisser (s')
allaiter
amputer
avaler
battre
bedonner
bégayer
blêmir
concevoir
courbaturer
cracher
crisper
croître
dégourdir
déhancher
desquamer
détendre
digérer
disloquer
ébouriffer

écheveler
énerver
engraisser
époumoner
érailler
éreinter
essouffler
éternuer
étouffer
étourdir
faiblir
fatiguer
gargouiller
gercer
grimacer
haleter
humer
lécher
mâcher
maigrir
manier
moucher
muer

muscler
nasiller
pigmenter
raidir
réagir
recroqueviller
regarder
relaxer
renifler
résister
respirer
rider
ronfler
roter
rougir
saigner

saliver
sécréter
sentir
souffler
soupirer
sourciller
sourire
suer
suffoquer
toucher
tousser
transpirer
trembler
uriner
vivre
voir

Adverbes

adroitement
corporellement
débilement
faiblement
gracieusement
humainement
infatigablement
mentalement

nerveusement
physiquement
sensiblement
sexuellement
sourdement
stérilement
vigoureusement
visuellement

Expressions et locutions

— Avoir de l'esprit jusqu'au bout des doigts.
   (Être plein d'esprit.)
— Avoir du toupet.
   (Avoir de l'audace, de l'effronterie.)
— Avoir la main heureuse.
   (Réussir souvent.)
— Avoir le coeur gros.
   (Être très affligé.)
— Avoir le coeur sur la main.
   (Être très bon, très généreux.)

— Avoir le dos large.
  (Pouvoir supporter bien des inconvénients.)
— Avoir le gosier sec.
  (Désirer boire impunément.)
— Avoir le nez fin.
  (Avoir de la prévoyance.)
— Avoir le pied marin.
  (Conserver son sang-froid dans une situation difficile.)
— Avoir les reins solides.
  (Être riche, puissant.)
— Avoir les yeux plus grands que le ventre (panse).
  (Prendre plus que l'on ne peut faire.)
— Baisser la tête.
  (Avoir honte.)
— Battre des mains.
  (Applaudir.)
— Conserver comme la prunelle de ses yeux.
  (Avoir grand soin, avec amour.)
— Courber la tête.
  (Se soumettre.)
— Dévisager quelqu'un.
  (Regarder quelqu'un avec insistance.)
— En avoir le coeur net.
  (S'assurer de la vérité d'une chose.)
— En avoir par-dessus la tête.
  (En avoir plus qu'on ne peut supporter.)
— En un tour de main.
  (En un instant.)
— En venir aux mains.
  (Se battre.)
— Être à deux doigts de sa perte.
  (En être très proche.)
— Être entre bonnes mains.
  (Être confié à une personne capable.)
— Faire contre mauvaise fortune bon coeur.
  (Supporter la malchance avec courage.)
— Forcer la main de quelqu'un.
  (Contraindre.)
— Jeter à la tête.
  (Rappeler pour blâmer.)

— Jouer des coudes.
(Se frayer un passage en écartant ses voisins.)
— Jusqu'à la moelle des os.
(Profondément.)
— Les murs ont des oreilles.
(On peut être écouté sans qu'on s'en doute.)
— Mener quelqu'un par le bout du nez.
(Lui faire faire tout ce que l'on veut.)
— Mettre au pied du mur.
(Forcer à prendre parti, obliger à répondre.)
— Mettre la main à la pâte.
(Travailler soi-même.)
— Montrer quelqu'un du doigt.
(S'en moquer publiquement.)
— N'avoir plus que les os et la peau.
(Être fort maigre.)
— Ne savoir sur quel pied danser.
(Ne savoir quel parti prendre.)
— Ne tenir qu'à un cheveu.
(Dépendre de très peu de chose.)
— Ouvrir l'oeil.
(Être attentif.)
— Parler dans sa barbe.
(Parler bas.)
— Prendre une chose à coeur.
(S'y intéresser vivement.)
— Rire au nez de quelqu'un.
(Se moquer de lui en face.)
— Se faire de la bile.
(S'inquiéter.)
— Se faire du mauvais sang.
(S'impatienter, s'inquiéter.)
— Se faire tirer l'oreille.
(Se faire prier pour faire quelque chose.)
— Se mettre le doigt dans l'oeil.
(Se tromper.)
— Se mordre les doigts.
(Regretter.)
— Se prendre aux cheveux.
(Se quereller, se battre.)

— Se trouver nez à nez.
  (Se trouver face à face.)
— Tenir en haleine.
  (Tenir en suspens.)

— Tenir tête.
  (Résister.)
— Tourner les talons.
  (S'enfuir.)

Proverbes

— À coeur vaillant rien d'impossible.
  (Avec du courage, on vient à bout de tout.)
— Au royaume des aveugles les borgnes sont rois.
  (Avec un mérite, un savoir médiocre, on brille au milieu des sots et des ignorants.)
— Aux grands maux les grands remèdes.
  (Il faut prendre des décisions énergiques contre les maux graves et dangereux.)
— Bon sang ne peut mentir.
  (Qui est d'une noble race n'en saurait être indigne.)
— Coeur qui soupire n'a pas ce qu'il désire.
  (Les soupirs que l'on pousse prouvent qu'on n'est pas satisfait.)
— Il faut saisir l'occasion par les cheveux.
  (La saisir au moment propice.)
— Il faut tourner sept fois la langue dans sa bouche avant de parler.
  (Avant de parler, de se prononcer, il faut mûrement réfléchir.)
— Il ne faut pas vendre la peau de l'ours avant qu'on l'ait pris.
  (Il ne faut pas disposer d'une chose avant de la posséder.)
— Il n'est pire sourd que celui qui ne veut pas entendre.
  (Le parti pris ferme l'esprit à tout éclaircissement.)
— Il y a loin de la coupe aux lèvres.
  (Il peut arriver bien des événements entre un désir et sa réalisation.)
— La fortune vient en dormant.
  (Le plus sûr moyen de s'enrichir est d'attendre passivement un heureux coup du sort.)
— La langue est la meilleure et la pire des choses.
  (Les paroles dites peuvent sauver ou condamner quelqu'un.)
— Les grandes douleurs sont muettes.
  (L'extrême souffrance morale ne fait entendre aucune plainte.)

— Les murs ont des oreilles.
(Dans un entretien confidentiel, il faut se défier de ce qui vous entoure.)
— Loin des yeux, loin du coeur.
(L'absence détruit ou affaiblit les affections.)
— L'union fait la force.
(La conformité d'efforts et de pensées mène loin.)
— Mains froides, coeur chaud.
(La froideur des mains indique un tempérament amoureux.)
— Oeil pour oeil, dent pour dent.
(Loi du talion exigeant de punir l'offense par une peine du même ordre.)
— Qui a bu, boira.
(On ne se corrige jamais d'un défaut devenu une habitude.)
— Qui dort dîne.
(Le sommeil tient lieu de dîner.)
— Qui se sent morveux, qu'il se mouche.
(Que celui qui se sent en faute s'applique ce que l'on vient de dire.)
— Rira bien qui rira le dernier.
(Qui se moque d'autrui risque d'être raillé à son tour si les circonstances changent.)
— Tel père, tel fils.
(Le plus souvent, le fils tient du père.)
— Un coup de langue est pire qu'un coup de lance.
(Une médisance fait parfois plus mal qu'une blessure physique.)
— Ventre affamé n'a point d'oreilles.
(L'homme pressé par la faim est sourd à toute parole.)

L'ÉCOLE

AMORCE

EN ROUTE!

Une partie appréciable de ton existence se passe à l'école. Ta vie d'élève est un long cheminement vers une profession ou un métier que tu as peut-être déjà choisi et que tu exerceras plus tard. Une chose est certaine, ton avenir se prépare sur les bancs
5 de l'école.

Tu fréquentes présentement une école secondaire. Tu y arrives le matin et repars le soir; tu vois un tas de choses autour de toi: bibliothèque, gymnase, laboratoire, secrétariat... Tu rencontres un grand nombre de personnes: professeurs,
10 élèves, concierges, secrétaires... Tu y fais un tas de choses parfois difficiles, parfois agréables. Tu rencontres des copains en récréation, tu récites des leçons, tu participes à différentes activités, tu fais des devoirs ainsi que des recherches en bibliothèque.

15 Tu t'imagines peut-être tout savoir sur ton école. Le travail que je te propose va te faire prendre conscience du fait que tu as encore beaucoup à apprendre sur ton milieu scolaire.

Partons à la découverte!

(Texte préparé par l'équipe)

COMPRÉHENSION ET VOCABULAIRE

1. a) **Que signifie le mot *appréciable* dans le premier paragraphe?**
   b) **À quoi l'école te prépare-t-elle? (2-4)**
   c) **Comment nomme-t-on le local où travaille la secrétaire? (8)**
   d) **Trouve un mot de la même famille que *chemin*. (2)**
   e) **Que veut dire *biblio* dans le nom *bibliothèque*?**
   f) **Quel verbe peut-on former à partir du nom *étudiant*?**
   g) **Quel est le féminin de *copain*?**
   h) **Que signifie l'expression: *Être sur les bancs de l'école*?**
   i) **Par quel mot pourrais-tu remplacer le terme *professeur*?**
   j) **Trouve deux groupes d'antonymes au début du deuxième paragraphe. (6-8)**

2. **Quel terme correspond à chacune des définitions suivantes?**

> tome — appui-livres — atlas — bloc-notes — calculatrice — gomme — agrafeuse — taille-crayon — index — trombone

   a) sert à agrafer les feuilles
   b) petite agrafe servant à réunir des papiers
   c) petit outil pour tailler les crayons
   d) petit bloc en caoutchouc pour effacer le crayon
   e) recueil de cartes géographiques
   f) serre-livres
   g) table alphabétique à la fin d'un livre
   h) paquet de feuillets
   i) division d'un ouvrage
   j) machine qui effectue des calculs

3. **Trouve cinq mots que te suggère chacun des mots suivants.**
   a) grammaire   b) école   c) écrire

VOCABULAIRE ANALOGIQUE

> adolescent — apprenti — auteur — bibliothécaire — boursier — collégien — directeur — écolier — enseignant — élève — orienteur — poète — président — recteur — secrétaire

1. **Comment appelle-t-on celui qui...**
   a) fréquente un collège?
   b) a reçu une bourse?
   c) aide un élève à se choisir un métier?
   d) dirige une université?
   e) n'est plus un enfant et pas encore un adulte?
   f) apprend un métier?
   g) a écrit un livre?
   h) travaille au classement des livres?
   i) écrit des poèmes?
   j) fréquente l'école primaire?
   k) fréquente l'école secondaire?

l) enseigne?

m) dirige l'école?

n) dirige une assemblée?

o) travaille au secrétariat?

FAMILLES DE MOTS

1. **Complète les phrases à l'aide des mots de même famille.**

> administration — administrateur — administratif — administrer

a) C'est Monsieur Boudreau qui est l' (...) de cet hôpital.

b) L'orienteur viendra (...) des tests aux élèves la semaine prochaine.

c) C'est une rude tâche que de voir à l' (...) de cette usine.

d) Toute cette entreprise est gouvernée par son conseil (...) .

2. **Complète les phrases à l'aide des mots de même famille.**

> affiche — affichage — afficher — afficheur — affichiste

a) Il est défendu d' (...) quoi que ce soit sur ce mur.

b) L' (...) réalisera une (...) que l' (...) s'occupera d'épingler au tableau d' (...) .

3. **Complète les phrases à l'aide des mots de même famille.**

> alphabétisation — alphabet — alphabétique — analphabète

a) L' (...) est formé de 26 lettres.

b) L' (...) est l'enseignement de la lecture et de l'écriture.

c) Un (...) est quelqu'un qui ne sait ni lire ni écrire.

d) Classe ces mots en ordre (...) .

4. **Complète les phrases à l'aide des mots de même famille.**

> bibliothécaire — bibliographie — bibliophile — bibliobus — bibliothèque

a) On doit toujours garder le silence dans une (...) .
b) Un (...) est une bibliothèque ambulante.
c) Un amateur de livres rares est un (...) .
d) Le (...) sait bien où ranger chaque livre dans sa bibliothèque.
e) N'oubliez pas d'inscrire la (...) à la fin de votre travail de recherche.

5. **Complète les phrases à l'aide des mots de même famille.**

> lecture — liseur — lisible — illisible — lecteurs

a) Un écrivain doit intéresser ses (...) .
b) Un homme qui aime beaucoup lire est un (...) .
c) Ayez une écriture (...) et je vous comprendrai.
d) Veux-tu refaire ce travail car ton écriture est (...) .
e) La (...) est un excellent moyen de se renseigner.

6. **Complète les phrases à l'aide des mots de même famille.**

> orienter — orienteur — orientation

a) Un conseiller d'orientation scolaire et professionnelle est un (...) .
b) L' (...) est facile à l'aide d'une boussole.
c) Ces flèches servent à (...) le public vers la sortie.

7. **Trouve trois mots de la famille de chacun des mots suivants.**
a) copier
b) éducation
c) instruction
d) narration
e) poésie

SENS DES MOTS

1. **Trouve dans le lexique (page 177) le nom qui correspond à chacune des définitions suivantes.**

   a) reproduction rapide d'un document par le développement instantané d'un négatif photographique (p...)

   b) couverture dont un livre est relié (r...)

   c) machine à poser des agrafes (a...)

   d) table alphabétique placée à la fin d'un livre (i...)

   e) espace de six mois (s...)

   f) outil servant à tailler (a...)

   g) écrit à mettre au net (b...)

   h) bureau de secrétaire (s...)

   i) manière de se comporter, de se conduire (c...)

   j) installation téléphonique équipée de haut- (i...) parleurs et permettant la conversation entre plusieurs interlocuteurs

2. **À l'aide de ton dictionnaire, trouve les différents sens de chacun des mots clés.**

   1) ARDOISE

      a) roche grise ou noire
      b) tablette sur laquelle on écrit
      c) compte de marchandises achetées à crédit

      1) Avoir une ardoise chez l'épicier.
      2) Un toit en ardoise.
      3) Écrire sur une ardoise.

   2) TERME

      a) fin, limite, dans l'espace ou dans le temps
      b) époque à laquelle sont payés les loyers
      c) mots et expressions

      1) Un terme échu.
      2) Choisir ses termes.
      3) Terme d'une course, de la vie.

   3) LEÇON

      a) avertissement, réprimande
      b) ce que le maître donne à apprendre
      c) règle de conduite

      1) Recevoir une bonne leçon.
      2) Les leçons de l'expérience.
      3) Réciter sa leçon.

4) BUT
   a) endroit où l'on cherche à lancer le ballon
   b) point gagné
   c) fin que l'on se propose d'atteindre

   1) Marquer un but.
   2) Poursuivre un but.
   3) Envoyer la balle dans le but.

5) CARACTÈRE
   a) fermeté
   b) manière d'agir d'une personne
   c) signes dont on se sert dans l'écriture

   1) Un mauvais caractère.
   2) Les caractères arabes.
   3) Montrer du caractère.

3. **Choisis, d'après le sens de la phrase, la définition qui convient le mieux au mot en caractère gras.**
   a) Je me sers de **trombones** pour réunir mes feuilles.
      1) instrument de musique
      2) un musicien
      3) une petite agrafe

   b) Fais l'**accord** de l'adjectif avec le nom.
      1) bonne intelligence
      2) mots ayant même genre et même nombre
      3) action d'accorder un instrument

   c) Tu utiliseras une **gomme** plutôt que de faire des rayures.
      1) résine de certains arbres
      2) activer l'allure
      3) petit bloc de caoutchouc

   d) C'est un élève **brillant**.
      1) habile
      2) qui brille
      3) séduisant

   e) Il faut toujours se fixer des **objectifs**.
      1) partie d'un microscope
      2) but à atteindre
      3) partie d'un appareil photographique

f) Te souviens-tu du **titre** de ce livre?
   1) nom de dignité
   2) qualité, capacité
   3) inscription placée à la tête d'un livre

g) Le professeur nous a donné un **devoir** de mathématiques aujourd'hui.
   1) travail ou exercice
   2) honneurs funèbres
   3) obligations par la loi

h) Pour sortir un livre de la bibliothèque, tu dois remplir une **fiche**.
   1) morceau de métal
   2) petite feuille de renseignements
   3) petit dédommagement

i) Tu feras ce travail sur une **feuille**.
   1) pétale de fleur
   2) petit journal
   3) morceau de papier

j) L'**accolade** sert à réunir un groupe de mots.
   1) embrassade
   2) signe qui réunit
   3) coup d'épée

4. **À l'aide de ton dictionnaire, trouve les différents sens de chacun des mots clés.**
   1) NOTE

   a) détail d'un compte à acquitter
   b) commentaires
   c) évaluation, appréciation du travail, de la conduite de quelqu'un
   d) courte indication pour se souvenir de quelque chose

   1) Mettre des notes à un livre.
   2) Régler sa note
   3) Prendre note d'une chose sur son carnet.
   4) Bonne note, mauvaise note.

2) COPIE
   a) reproduction d'un écrit
   b) imitation exacte d'un ouvrage d'art
   c) devoir qu'un élève remet à ses professeurs
   d) personne qui reproduit les traits, les attitudes d'une autre

   1) Corriger des copies.
   2) La copie d'un tableau.
   3) Être la copie de sa mère.
   4) Copie fidèle.

3) CORRECTION
   a) action de corriger des devoirs
   b) action de rectifier
   c) châtiment, punition

   1) La correction d'un travail sur le verbe.
   2) Recevoir une correction.
   3) Apporter une correction à sa copie.

4) RÈGLE
   a) instrument pour tracer
   b) principe, enseignement
   c) exemple, modèle

   1) Les règles de la grammaire.
   2) Casser sa règle.
   3) Servir de règle.

5) APPEL
   a) demander de l'aide
   b) nommer les élèves pour constater leur présence
   c) recours à un juge, à un tribunal supérieur

   1) Faire l'appel.
   2) Faire appel.
   3) Appel au secours.

5. **Choisis le terme approprié.**
   a) (Le président, le directeur, l'administrateur) (...) a dirigé l'assemblée du conseil scolaire.
   b) C'est (la bibliographie, la bibliothèque, la bibliothécaire) (...) qui s'occupe de ranger les livres.
   c) (Le braille, l'alphabet, l'abécédaire) (...) est une écriture en relief à l'usage des aveugles.
   d) J'ai bien examiné (l'index, la légende, le lexique) (...) de cette carte géographique.
   e) Un journal qui est publié chaque semaine est un journal (quotidien, hebdomadaire, semestriel) (...) .

f) Un élève qui écoute bien en classe est un élève (attentif, bruyant, fautif) (...) .

g) Je ne dois pas (barbouiller, bafouiller, bredouiller) (...) dans mes cahiers.

h) J'utilise (une craie, un stylo, un crayon) (...) pour écrire au tableau.

i) Cette année, je suis au niveau (primaire, secondaire, universitaire) (...) .

j) Le professeur nous a distribué des feuilles transparentes afin que nous puissions (calquer, dessiner, photcopier) (...) cette carte géographique.

EXPRESSIONS ET LOCUTIONS

1. **Complète chacune des expressions suivantes à l'aide du verbe approprié.**

> enrouler — encourir — réciter — se soumettre — fréquenter — assumer — passer — corriger — remplir — rattraper

a) (...) l'école primaire

b) (...) un blâme

c) (...) ses responsabilités

d) (...) une copie

e) (...) mot à mot

f) (...) à la règle

g) (...) un retard

h) (...) un questionnaire

i) (...) l'éponge sur une faute

j) (...) une carte murale

2. **Donne le sens de chacune des expressions suivantes en te servant des définitions suggérées à droite.**

a) faire l'école buissonnière

b) faire l'appel

c) être sur les bancs de l'école

d) couper la parole

e) le corps enseignant

1) faire des observations ayant un caractère de reproches

2) l'ensemble des enseignants

3) apprendre de mémoire

4) réunion de plusieurs poèmes

5) interrompre

f) administrer un test

g) recueil de poésie

h) apprendre par coeur

i) un dictionnaire vivant

j) faire des remontrances

6) se promener au lieu d'aller en classe

7) personne dont les connaissances sont très étendues

8) nommer les élèves pour constater les présences

9) faire passer un test

10) suivre les cours d'une école

— s'exercer à bien écrire
— se mettent en rang
— faire des recherches personnelles
— consacre beaucoup de temps

— passer l'éponge
— parcourir l'index
— l'apprendre par coeur
— prendre la parole
— va au tableau noir
— simplifier

---

3. **Complète chacune des phrases suivantes à l'aide de l'expression qui convient le mieux.**

a) Dans certaines écoles, les élèves (...) pour entrer en classe.

b) Le professeur (...) pour expliquer cette leçon.

c) Puisque c'est la première fois que tu désobéis, je vais (...) pour cette fois-ci.

d) C'est énervant de (...) devant ce vaste auditoire.

e) Pour compléter le cours, vous devrez (...) .

f) Pour déclamer ce poème, vous devrez (...) .

g) Il faut (...) pour avoir une écriture lisible.

h) Cette leçon était difficile mais le professeur a réussi à nous la (...) .

i) Cet élève réussit bien car il (...) à l'étude.

j) Si l'on veut connaître rapidement le contenu d'un livre, il faut (...) .

PRÉFIXES ET SUFFIXES

PRÉFIXES

bi	— deux	micro	—	petit
biblio	— livre	mono	—	un, seul
em	— dans	semi	—	à demi
en	— dans	super	—	au-dessus de
mi	— moitié	tri	—	trois

SUFFIXES

able	— possibilité, qualité	atoire	— local, endroit
ail	— sorte d'objet, instrument	eron	— métier
ais	— nationalité	et	— diminutif
ois	— nationalité	ette	— diminutif

1. **Trouve les divers sens des préfixes et des suffixes.**
   a) **Je reçois un bulletin bimestriel.**
      Dans *bimestriel*, le préfixe *bi* signifie:
      1) vie   2) deux   3) semestre

   b) **Ce livret de chèques servira aux achats.**
      Le mot *livret* signifie:
      1) livre de contes
      2) fiche d'achats
      3) petit livre

   c) **Aide-moi à embobiner ce film déroulé.**
      Dans *embobiner*, le préfixe *em* signifie:
      1) avec   2) dans   3) pour

   d) **La bibliothécaire range ses livres sur les étagères.**
      Dans *bibliothécaire*, le préfixe *biblio* signifie:
      1) étagère   2) auteur   3) livre

   e) **Il a déchiré sa chemise en passant par le soupirail.**
      Dans *soupirail*, le suffixe *ail* signifie qu'il s'agit:
      1) d'une sorte d'objet ou d'instrument
      2) d'un adjectif
      3) d'un mot d'une langue étrangère

f) **Ce Polonais travaille au Canada depuis cinq ans.**
Dans *Polonais*, le suffixe *ais* signifie :
1) qu'il s'est adapté au Canada
2) qu'il vient de la Pologne
3) qu'il retournera dans son pays

g) **Il faut combattre les microbes.**
Dans *microbes*, le préfixe *micro* signifie :
1) visible   2) dangereux   3) très petit

h) **Le mot *eau* est un monosyllabe.**
Dans *monosyllabe*, le préfixe *mono* signifie :
1) seul   2) duo   3) triple

i) **Cet élève est capable de réussir.**
Dans *capable*, le suffixe *able* signifie :
1) une grande quantité
2) ce qui est possible
3) ce qui est encourageant

j) **C'est la poulette grise qui a pondu dans l'église.**
Le mot *poulette* signifie :
1) une vieille poule
2) une poule d'eau
3) une petite poule

2. **Choisis, dans le rectangle, le mot qui convient à chacune des définitions et identifie le préfixe.**

enclos — bilingue — bibliobus — embourber — mi-clos — microcosme — monochrome — semi-circulaire — superflu — trifolié

a) mettre *dans* un bourbier, dans la boue (...)
b) ce qui est *au-delà* du nécessaire (...)
c) un véhicule automobile qui transporte des *livres* dans le but de les louer (...)
d) *petit* monde; monde en abrégé (...)
e) qui parle *deux* langues (...)
f) d'une *seule* couleur (...)
g) espace contenu *dans* une clôture (...)

h) en *demi*-cercle (...)

i) à feuilles groupées par *trois* (...)

j) à *moitié* fermé (...)

3. **Choisis, dans le rectangle, le mot qui convient à chacune des définitions et identifie le suffixe.**

> sociable — Français — pochette — épouvantail — tablette — mangeable — vigneron — Siamois — laboratoire — carnet

a) petit cahier pour notes (...)

b) personne qui cultive la vigne (...)

c) né pour vivre en société (...)

d) qui est de France (...)

e) mannequin utilisé pour effrayer les oiseaux (...)

f) petite poche (...)

g) qu'on peut manger (...)

h) du royaume de Siam (...)

i) petite planche servant à ranger de menus objets (...)

j) local destiné à la recherche scientifique (...)

SYNONYMES ET ANTONYMES

1. **Identifie un synonyme pour chaque mot de gauche.**

a) jeune : vieillard, adolescent, adulte, vieux

b) annonce : affiche, explication, jeu, abréviation

c) histoire : admission, accord, anecdote, buvard

d) juste : approximatif, inexact, approprié, faux

e) difficile : ardu, aisé, simple, naturel

f) intéressant : assommant, ennuyeux, pénible, captivant

g) acceptable : admissible, refusé, admirable, bruyant

h) diriger : bloquer, fausser, administrer, aimer

i) donner : ravir, attribuer, rejeter, concéder

j) déclamer : réciter, rire, jouer, clarifier

k) formation : ignorance, impolitesse, éducation, récitation

l) juger : étudier, supprimer, réfléchir, évaluer

2. **Remplace le mot entre parenthèses par un synonyme contenu dans le rectangle.**

> carrière — conseillé — enseignant — chamailler — ardeur — camarades — échec — interroger — méticuleux — consulter

a) (s'informer)   Pour être sûr de cela, tu devrais (...) quelqu'un.
b) (chicaner)   On ne doit pas se (...) avec ses amis.
c) (énergie)   Il est bon d'avoir un peu d' (...) au travail.
d) (profession)   Dans peu de temps, je devrai choisir une (...) .
e) (compagnon)   Je m'entends très bien avec mes (...) .
f) (suggéré)   L'orienteur m'a (...) de suivre ces cours.
g) (faillite)   Mon prochain test ne sera certainement pas un (...) .
h) (instituteur)   Depuis septembre dernier, nous avons un nouvel (...) dans notre école.
i) (questionner)   Demain, elle va nous (...) sur les participes.
j) (soigneux)   Cet élève est toujours très (...) dans ses travaux.

3. **Identifie un antonyme pour chaque mot de gauche.**

a) excellent :   parfait, admirable, médiocre, exquis
b) rival :   adversaire, copain, ennemi, opposant
c) comprendre :   savoir, ignorer, apprendre, assimiler
d) poli :   correct, courtois, aimable, arrogant
e) ignorant :   instruit, illettré, incapable, idiot
f) facile :   aisé, possible, faisable, laborieux
g) mêlé :   désordonné, méthodique, embrouillé, confus
h) égarer :   dérouter, détourner, orienter, dépayser
i) insuccès :   désastre, réussite, échec, malchance
j) refusé :   rejeté, exclu, admis, renvoyé

4. **Remplace le mot entre parenthèses par l'antonyme approprié.**

> poésie — introduction — éducatif — ambition — politesse
> — admission — ranger — publique — illettrés — rentrée

a) (indifférence)   Il n'est pas mauvais d'avoir un peu d' (...) .
b) (renvoi)   Nous sommes tous contents de son (...) parmi nous.
c) (insignifiant)   Le travail que vous faites est (...) .
d) (effronterie)   Il faut s'efforcer d'observer les règles de la (...) .
e) (privé)   Beaucoup de jeunes vont à l'école (...) .
f) (sortie)   En septembre, c'est la (...) des élèves.
g) (mêler)   Avant de sortir, tu devrais (...) tes livres.
h) (prose)   De la belle (...) peut nous détendre.
i) (savant)   Il y a encore beaucoup de gens (...) .
j) (conclusion)   Peux-tu composer une (...) pour ce travail?

FORMATION DES MOTS

1. **À l'aide du lexique (page 182), trouve le verbe correspondant à chacun des noms suivants.**
   a) application
   b) gribouillage
   c) échec
   d) instruction
   e) lecture
   f) obéissance
   g) calque
   h) agrafe
   i) répétition
   j) rédaction

2. **À l'aide du lexique (page 177), trouve le nom correspondant à chacun des verbes.**

Verbe	Nom
a) Le professeur enseigne.	L' (...) du professeur.
b) Le directeur administre.	L' (...) du directeur.
c) L'élève comprend.	La (...) de l'élève.
d) Paul s'oriente.	L' (...) de Paul.
e) L'élève participe.	La (...) de l'élève.
f) L'enfant récite.	La (...) de l'enfant.
g) Pierre rédige.	La (...) de Pierre
h) Le maître explique.	L' (...) du maître.
i) L'élève a échoué.	L' (...) de l'élève.
j) Luc s'instruit.	L' (...) de Luc.

3. **À l'aide du lexique (page 181), trouve l'adjectif correspondant à chacun des adverbes suivants.**
   a) approximativement
   b) grammaticalement
   c) méticuleusement
   d) assidûment
   e) semestriellement
   f) laborieusement
   g) intelligemment
   h) historiquement
   i) studieusement
   j) attentivement

4. **Complète les phrases suivantes à l'aide du lexique (page 177). On te donne la première lettre du mot.**
   a) Un papier qui sert à absorber l'encre fraîche est un papier (b...).
   b) L'index qui suit l'ordre de l'alphabet s'appelle un index (a...).
   c) Lorsque tu t'appliques à bien écouter, on dit de toi que tu es un élève (a...).
   d) Quand cela concerne l'éducation, on dit que c'est un projet (é...).
   e) Tu aimes l'étude; tu es un élève (s...).
   f) Le travail de la semaine est un travail (h...).
   g) Il a des connaissances variées et profondes; c'est un homme (i...).
   h) Un texte que l'on peut comprendre est un texte (c...).
   i) Un test que l'on te demande de vive voix est un test (o...).
   j) Le travail de chaque jour est le travail (q...).

TEXTES

LE PLAISIR DES MOTS

Mon oncle Georges s'intéresse beaucoup aux mots. Lorsqu'il vient passer l'hiver avec nous, il met notre gros dictionnaire dans la salle à dîner. Et presque à tous les repas, il nous fait chercher la signification d'un mot. Nous en venons
5 à avoir plus de plaisir avec les mots qu'avec n'importe quel autre jeu.

Un jour, oncle Georges demande si l'un d'entre nous connaît la signification du mot *astronaute*. «Je le sais, mais à moitié, lui dis-je.

10 — Si tu ne le connais pas en entier, dit oncle Georges, comment peux-tu l'utiliser correctement? C'est comme connaître un homme seulement par ses vêtements. Et même si tu sais son nom, tu ne le connais pas vraiment.

Le mot *astronaute* est nouveau dans notre vocabulaire,
15 poursuit-il. Il signifie une personne qui voyage dans un véhicule spatial. La première partie du mot, «astro», vient d'un mot grec. Savez-vous ce qu'il veut dire?

— Veut-il dire les étoiles? Je sais que l'astronomie est l'étude des étoiles.

20 — Tu as raison, dit oncle Georges. Maintenant, devine ce que signifie «naute».

— C'est facile! dit mon frère. Ça doit signifier quelque chose se rapportant à la navigation, puisque c'est comme la première partie du mot «nautique».

25 — En effet, un *astronaute* est celui qui espère un jour naviguer jusqu'aux étoiles dans un vaisseau spatial,» dit oncle Georges. Puis, il ajoute : «maintenant, répétez trois fois à haute voix le mot «astronaute». Ensuite, utilisez-le au moins trois fois dans des phrases complètes. Faites la même chose avec tous les
30 mots nouveaux que vous apprendrez. C'est alors que vous les connaîtrez vraiment.»

Pour nous faire utiliser les mots correctement, oncle Georges nous fait jouer au jeu des synonymes. Il commence avec le mot *dire*. Nous continuons avec des mots comme
35 *répondre, crier, chuchoter*. Puis nous devons donner la petite différence qui existe entre chacun des mots synonymes.

170

Oncle Georges nous montre aussi comment décomposer les mots. Le mot *exporter* est un exemple d'un mot à deux parties. La première partie, ou préfixe, «ex», signifie à l'extérieur.
40 La deuxième partie est «porter». Aussi le mot exporter signifie «porter à l'extérieur... vendre à l'extérieur». Ensuite, nous pensons à d'autres mots qui commencent par «ex», comme *exiler, extrême.*

«Chaque mot appartient à une famille, répète souvent oncle
45 Georges. Tout comme une personne appartient à une famille. Lorsque vous savez à quelle famille appartient un mot, il est plus facile pour vous d'apprendre la signification de ses frères et soeurs, cousins et tantes.»

Il explique ce qu'il veut dire, en décrivant la famille *télé.*
50 (*Télé* signifie «loin».) Il nous demande de nommer certains membres de cette famille. Nous pensons tout de suite à *téléphone, télégramme, télescope* et *télévision.*

Nous avons aussi appris quelque chose sur l'histoire des mots. Nous avons appris que des mots d'autres pays sont venus
55 enrichir notre langue. Maintenant, nous savons que *algèbre* vient d'Arabie, *piano* d'Italie, *véranda* de l'Inde. Le français contient beaucoup de mots étrangers.

Merci oncle Georges! Tu m'as appris à avoir du plaisir avec le dictionnaire.
60 Mais, toi aussi tu le peux!

Savoir lire, niveau 4, livret B, Sélection du Reader's Digest (Canada) Ltée, 1973, p. 73-75.

COMPRÉHENSION ET VOCABULAIRE

1. **Quel est le principal personnage dans ce récit?** (1)
2. **Quel est le principal instrument du jeu de l'oncle Georges?** (3)
3. **Que demande-t-il aux enfants de faire avec chaque mot nouveau qu'ils apprennent?** (28-30)
4. **Quel jeu leur propose-t-il pour arriver à utiliser les mots correctement?** (32-35)
5. **De quels pays nous viennent les mots suivants?**
   a) algèbre   b) piano   c) véranda

VOCABULAIRE

1. **Trouve, à l'aide du dictionnaire, le sens des mots suivants.**
   a) spatial   b) nautique   c) véranda
2. **Trouve, à l'aide du texte, la définition des mots suivants.**
   a) astronaute (25-26)   b) astronomie (18)
3. **Quels noms peux-tu former à l'aide des verbes suivants?**
   a) signifier   b) vêtir   c) naviguer
4. **Quels adverbes peux-tu former à l'aide des adjectifs suivants?**
   a) vrai   b) correct   c) seul
5. **Trouve dans ton texte le sens des préfixes suivants.**
   a) ex   b) télé
6. **Trouve dans le texte cinq mots qui te sont suggérés par le mot *parenté*.**
7. **Trouve un synonyme pour chacun des mots suivants.**
   a) définition (4)   c) modèle (38)
   b) voyager (26)   d) apprentissage (19)
8. **Trouve un antonyme pour chacun des mots suivants.**
   a) intérieur (39)   c) ancien (14)
   b) en partie (10)   d) dernière (16)
9. **Jeu d'assemblage**
   a) téléphone   1) rapproche les étoiles
   b) télégramme   2) transporte la voix
   c) télescope   3) transporte l'image
   d) télévision   4) transporte les messages écrits

À L'ÉCOLE

Alerte, souriante, Mlle Claudie, comme ses élèves l'appe-
laient affectueusement, allait de l'un à l'autre, circulait entre les
rangées de tables, manoeuvrant avec une habileté de général
cette classe unique. Personne ne restait inactif : tandis que les
5 uns lisaient, les autres, selon leur âge, consultaient des
documents, écrivaient, dessinaient, travaillaient la pâte à
modeler. Parfois, les petits, bouche bée, délaissaient leur page
d'écriture pour écouter la leçon d'histoire des grands. Ceux-ci,
en contrepartie, n'hésitaient pas, leur tâche terminée, à soutenir
10 une main maladroite ou à expliquer les mystères du calcul à un
petit en difficulté.

Miguel, jour après jour, s'épanouissait. Il s'était fait des
amis : d'abord le grand Bernard qui, après avoir été un cancre
incorrigible, était maintenant un candidat sérieux au certificat
15 d'études, puis Lucien et René, les plus fins pêcheurs de truites
du coin, «mes deux braconniers» comme les nommait plaisam-
ment Mlle Claudie. Le soir, après la classe, lorsque l'institutrice
ne le retenait pas pour rectifier quelques fautes de français, il
s'intégrait volontiers au groupe des joueurs de billes qui
20 faisaient, sur la place, d'interminables parties suivies de
discussions passionnées.

J. & J. GUION, *Apprendre l'orthographe,* Cahier 1, Paris, Mondia-Sermap, 1978,
p. 115.

COMPRÉHENSION

1. **Quelles qualités possède Mlle Claudie?** (1)
2. **Démontre qu'elle est active.** (2-3)
3. **Comment les grands aidaient-ils les petits?** (8-11)
4. **Lequel des amis de Miguel s'est amélioré?** (13-14)
5. **Pourquoi Miguel devait-il rester quelquefois après la classe?** (17-21)
6. **À quel jeu les garçons s'occupaient-ils après la classe?** (19)

VOCABULAIRE

1. **Trouve, à l'aide de ton dictionnaire, le sens des mots suivants.**
   a) document
   b) cancre
   c) braconnier
   d) alerte

2. **Quel nom peux-tu former à l'aide des verbes suivants?**
   a) écrire
   b) discuter
   c) calculer
   d) certifier

3. **Quel adjectif peux-tu former à l'aide des noms suivants?**
   a) maladresse (10)
   b) passion (21)
   c) finesse (15)
   d) sourire (1)

4. **Jeu d'assemblage (synonymes)**
   a) corriger
   b) se mêler à
   c) de bon gré
   d) cancre
   1) paresseux
   2) volontiers
   3) rectifier
   4) s'intégrer

5. **Jeu d'assemblage (antonymes)**
   a) actif
   b) adroit
   c) petit
   d) brève
   1) maladroit
   2) grand
   3) interminable
   4) inactif

6. **Que signifie l'expression *rester bouche bée*?**
   a) retirer le nécessaire
   b) exciter le désir
   c) prendre la parole
   d) être étonné, stupéfié

DICTÉES

Phrases détachées

a) À la (...) des (...) , le (...) de (...) a (...) avec (...) la (...) , en ordre (...) , des (...) de sa (...) .

b) Le (...) du (...) (...) a demandé à la (...) de (...) ce (...) à la (...) .

c) L' (...) a (...) l' (...) de ce (...) (...) pour trouver le (...) sur les (...) (...) .

(Texte préparé par l'équipe)

L'ÉCOLE DU VILLAGE

Il n'y avait qu'une vieille (...) , bien trop petite pour recevoir tous les élèves qui auraient dû la (...) .

L'été dernier, on a commencé d'en construire une nouvelle. À la (...) des (...) , elle était prête, et tous les élèves en étaient bien contents.

C'est une école à huit classes. Tout y est beau et propre : (...) , (...) , (...) (...) et (...) noirs.

Les grands et les petits ont chacun leur (...) de récréation où ils jouent quand il fait beau ; quand il fait mauvais, les élèves passent la (...) dans le gymnase.

C'est dans le (...) , aussi, que les élèves se réunissent pour les répétitions de chant et la (...) (...) .

C'est une bien belle école, et les élèves en sont fiers.

Gérard DEGRÂCE, *Expression française*, volume 1, Toronto, W.J. Gage Ltd, 1962, p. 17.

RÉDACTION

Choisis un sujet de rédaction parmi les trois sujets suivants.

a) **Compose cinq phrases sur l'*école d'aujourd'hui*. Chaque phrase devra contenir au moins trois mots du lexique (page 177).**

b) **Compose cinq phrases sur l'*école ancienne*. Chaque phrase devra contenir au moins trois mots du lexique (page 177). Tu peux consulter quelqu'un.**

c) **Ton grand-père ou ta grand-mère te demande à quoi ressemble ton école. Tu lui en fais une description orale.**

JEU ÉDUCATIF

Mot caché

À l'aide du lexique (page 177), trouve le mot correspondant à chaque définition et place-le dans la grille à l'horizontale. Quand tu auras terminé, tu trouveras le mot caché verticalement sous le numéro 6.

	1	2	3	4	5	6	7	8	9	10	11
1		A					D				
2											
3											
4				V							
5											
6						H					
7											
8									N		

Mot caché (...)

1. Livre élémentaire de lecture
2. Action de lire
3. Établissement où l'on enseigne
4. Livre
5. Annoncer par affiche
6. Action de rechercher
7. On y met l'encre
8. Qui est dans l'adolescence

LEXIQUE

Noms

abécédaire (un, l')
abrégé (un, l')
abréviation (une, l')
absentéisme (un, l')
accessoire (un, l')
accord (un, l')
acquis (un, l')
administration (une, l')
administrateur (un, l')
administratrice (une, l')
admission (une, l')
adolescent (un, l')
affiche (une, l')
affichage (un, l')
agrafe (une, l')
agrafeuse (une, l')
aiguisoir (un, l')
algèbre (une, l')
alphabet (un, l')
ambition (une, l')
ameublement (un, l')
amphithéâtre (un, l')
analphabète (un, une, l')
anecdote (une, l')
annonce (une, l')
année (une, l')
aperçu (un, l')
apostrophe (une, l')
appel (un, l')
appendice (un, l')
application (une, l')
appréciation (une, l')
apprenti (un, l')
apprentie (une, l')
approche (une, l')
approfondissement (un, l')
approvisionnement (un, l')
appui-livres (un, l')

aptitude (une, l')
ardeur (une, l')
ardoise (une, l')
argument (un, l')
arithmétique (une, l')
armoire (une, l')
art (un, l')
aspect (un, l')
assemblage (un, l')
assemblée (une, l')
assiduité (une, l')
assistant (un, l')
association (une, l')
astérisque (un, l')
atelier (un, l')
atlas (un, l')
atmosphère (une, l')
attention (une, l')
attitude (une, l')
attrape-nigaud (un, l')
auteur (un, l')
autobus (un, l')
autodiscipline (une, l')

baccalauréat (un, le)
bachelier (un, le)
bachelière (une, la)
bagage (un, le)
baguette (une, la)
bande (une, la)
barbouillage (un, le)
bâtiment (un, le)
bibliobus (un, le)
bibliographie (une, la)
bibliophile (un, une, le, la)
bibliothécaire (un, une, le, la)
bibliothèque (une, la)
biologie (la)

bloc-notes (un, le)
bourse (une, la)
boursier (un, le)
bousculade (une, la)
braille (le)
brevet (un, le)
brosse (une, la)
brouillon (un, le)
bulletin (un, le)
bureau (un, le)
but (un, le)

cafétéria (une, la)
cahier (un, le)
calculatrice (une, la)
calepin (un, le)
calligraphie (une, la)
calquage (un, le)
caractère (un, le)
carrière (une, la)
cartable (un, le)
carte (une, la)
carton (un, le)
casier (un, le)
cassette (une, la)
catéchèse (une, la)
certificat (un, le)
chapitre (un, le)
chiffre (un, le)
chimie (la)
civisme (le)
cloche (une, la)
collection (une, la)
collège (un, le)
collégien (un, le)
collégienne (une, la)
commentaire (un, le)
compagne (une, la)
compagnon (un, le)
comparaison (une, la)
compas (un, le)
comportement (un, le)

composition (une, la)
compréhension (une, la)
concours (un, le)
conduite (une, la)
congé (un, le)
conjugaison (une, la)
connaissance (une, la)
conseil (un, le)
conseiller (un, le)
conseillère (une, la)
consonne (une, la)
conte (un, le)
conteur (un, le)
conteuse (une, la)
copain (un, le)
copiage (un, le)
copie (une, la)
copieur (un, le)
copieuse (une, la)
copine (une, la)
correcteur (un, le)
correction (une, la)
correctrice (une, la)
corridor (un, le)
corrigé (un, le)
craie (une, la)
crayon (un, le)
crayon-feutre (un, le)

déclamation (une, la)
dessin (un, le)
devoir (un, le)
dictée (une, la)
dictionnaire (un, le)
diplôme (un, le)
directeur (un, le)
direction (une, la)
directrice (une, la)
discipline (une, la)

échec (un, l')
école (une, l')
écolier (un, l')

écolière (une, l')
écriture (une, l')
écrivain (un, l')
éducateur (un, l')
éducation (une, l')
éducatrice (une, l')
encre (une, l')
encrier (un, l')
encyclopédie (une, l')
enseignant (un, l')
enseignante (une, l')
enseignement (un, l')
entretien (un, l')
étude (une, l')
étudiant (un, l')
étudiante (une, l')
évaluation (une, l')
explication (une, l')

faute (une, la)
feuille (une, la)
fontaine (une, la)
formation (une, la)

gomme (une, la)
grammaire (une, la)
gribouillage (un, le)
gymnase (un, le)

histoire (une, l')
horaire (un, l')

ignorance (une, l')
inattention (une, l')
incompréhension (une, l')
index (un, l')
indiscipline (une, l')
information (une, l')
inscription (une, l')
instituteur (un, l')
institution (une, l')
institutrice (une, l')
instruction (une, l')

intelligence (une, l')
interclasse (un, l')
interphone (un, l')
interrogation (une, l')
introduction (une, l')

jeune (un, une, le, la)
jeunesse (une, la)
journal (un, le)

laboratoire (un, le)
langage (un, le)
leçon (une, la)
lecteur (un, le)
lectrice (une, la)
lecture (une, la)
légende (une, la)
lettrage (un, le)
lettre (une, la)
lexique (un, le)
liaison (une, la)
librairie (une, la)
liseur (un, le)
liseuse (une, la)
liste (une, la)
littérature (une, la)
livre (un, le)
livret (un, le)
local (un, le)
loisir (un, le)

machine à écrire (une, la)
maître (un, le)
maîtresse (une, la)
manuel (un, le)
mathématiques (des, les)
matière (une, la)
mémoire (une, la)
méthode (une, la)
motivation (une, la)
musique (une, la)

narrateur (un, le)
narration (une, la)
narratrice (une, la)
note (une, la)

obéissance (une, l')
objectif (un, l')
option (une, l')
orientation (une, l')
orienteur (un, l')
orienteuse ou
  orientrice (une, l')
orthographe (une, l')

paragraphe (un, le)
participation (une, la)
perfectionnement (un, le)
permission (une, la)
phonétique (la)
photocopie (une, la)
phrase (une, la)
physique (la)
planification (une, la)
poème (un, le)
poésie (une, la)
poète (un, le)
poétesse (une, la)
politesse (une, la)
polyvalente (une, la)
ponctuation (une, la)
préfixe (un, le)
président (un, le)
présidente (une, la)
professeur (un, le)
programme (un, le)
promotion (une, la)
prose (une, la)
pupitre (un, le)

question (une, la)
questionnaire (un, le)

rang (un, le)

rangée (une, la)
rature (une, la)
récapitulation (une, la)
recherche (une, la)
récit (un, le)
récitation (une, la)
récréation (une, la)
recteur (un, le)
rectrice (une, la)
recueil (un, le)
rédaction (une, la)
rééducation (une, la)
référence (une, la)
règle (une, la)
règlement (un, le)
relevé (un, le)
reliure (une, la)
rendement (un, le)
rentrée (une, la)
renvoi (un, le)
répétition (une, la)
réponse (une, la)
résumé (un, le)
réunion (une, la)
réussite (une, la)
revue (une, la)
ruban adhésif (un, le)

salle (de cours, d'étude)
  (une, la)
savoir (un, le)
sceau (le)
science (une, la)
scolarisation (la)
scolarité (une, la)
secrétaire (un, une, le, la)
secrétariat (un, le)
semestre (un, le)
session (une, la)
stylo à bille (un, le)

stylo-feutre (un, le)
supérieur (un, le)
supérieure (une, la)

table (une, la)
tablette (une, la)
taille-crayon (un, le)
terme (un, le)
titre (un, le)

tome (un, le)
trombone (un, le)

universitaire (un, l')
université (une, l')

vocabulaire (un, le)
volume (un, le)
voyelle (une, la)

Adjectifs
académique
accessible
administratif(ive)
admis(e)
admissible
affilié(e)
alphabétique
ancien(enne)
applicable
approprié(e)
approximatif(ive)
ardu(e)
arrogant(e)
assidu(e)
assimilable
assommant(e)
attentif(ive)
audio-visuel(elle)
bimensuel(elle)
bimestriel(elle)
brillant(e)
bruyant(e)
buvard
captivant(e)
collégial(e)
compréhensible
compréhensif(ive)
connu(e)
corrigible
culturel(elle)

délébile
éducateur(trice)
éducatif(ive)
enseignant(e)
fautif(ive)
formateur(trice)
grammatical(e)
hebdomadaire
historique
ignorant(e)
illettré(e)
illisible
inattentif(ive)
incompréhensible
indéchiffrable
indiscipliné(e)
instructif(ive)
instruit(e)
intellectuel(elle)
intelligent(e)
intelligible
interrogatif(ive)
jeune
journalier(ère)
juvénile
laborieux(euse)
légendaire
lisible
livresque
manuel(elle)

médiocre
méticuleux(euse)
mural(e)
obéissant(e)
oral(e)
orthographique
poétique
poli(e)
postscolaire
primaire

privé(e)
public(ique)
qualificatif(ive)
quotidien(enne)
régulier(ère)
récréatif(ive)
scolaire
semestriel(elle)
studieux(euse)
universitaire

Verbes
abonner
abréger
accentuer
administrer
afficher
agrafer
aiguiser
analyser
animer
appliquer
apprécier
apprendre
approfondir
articuler
assigner
assimiler
assister
associer
attribuer
bâcler
bafouiller
barbouiller
bredouiller
calculer
calquer
chamailler
comparer
composer

comprendre
conjuguer
connaître
consulter
conter
copier
corriger
crayonner
dactylographier
déchiffrer
déclamer
dessiner
échouer
écrire
éduquer
effacer
enseigner
étudier
évaluer
expliquer
former
gommer
gribouiller
griffonner
ignorer
imprimer
informer
inscrire

instruire
interroger
introduire
lire
mémoriser
motiver
narrer
noter
obéir
orienter
orthographier
participer
perfectionner
photocopier
planifier
questionner
raconter
ranger

rater
raturer
rayer
récapituler
réciter
recopier
rédiger
rééduquer
référer
relever
relire
répéter
répondre
résumer
réussir
réviser
transcrire

Adverbes

alphabétiquement
anciennement
approximativement
assidûment
attentivement
brillamment
bruyamment
fautivement
grammaticalement
hebdomadairement
historiquement
illisiblement
intellectuellement

intelligemment
journellement
laborieusement
lisiblement
médiocrement
méticuleusement
objectivement
oralement
poliment
quotidiennement
régulièrement
semestriellement
studieusement

Expressions et locutions

— À livre ouvert. (Sans préparation, à la première lecture.)
— Apprendre par coeur. (Apprendre de mémoire.)
— Assumer une responsabilité. (Se porter garant d'une obligation acceptée librement.)

— Avoir le compas dans l'oeil. (Juger exactement à l'oeil une mesure.)
— Corriger une copie. (Noter les fautes d'un travail.)
— Couper la parole. (Interrompre.)
— Demander la parole. (Demander la permission de parler.)
— Éduquer la jeunesse. (Former les jeunes gens par l'éducation.)
— Encourir un blâme. (S'attirer une réprimande.)
— Être à la page. (Être au courant de tout; suivre la mode.)
— Être sur les bancs de l'école. (Suivre les cours d'une école.)
— Faire l'appel. (Action de nommer successivement des personnes pour constater leur présence.)
— Faire l'école buissonnière. (Se promener au lieu d'aller en classe.)
— Faire partie du corps enseignant. (Faire partie de l'ensemble des professeurs et des instituteurs.)
— Fréquenter l'école. (Aller régulièrement à l'école.)
— Mener à la baguette. (Conduire durement, sans aucun ménagement.)
— Parcourir l'index d'un livre. (Examiner rapidement la table alphabétique placée à la fin d'un livre.)
— Passer des examens oraux. (Subir des épreuves de vive voix.)
— Passer l'éponge sur une faute. (Pardonner une faute.)
— Prendre la parole. (Commencer à parler.)
— Rat de bibliothèque. (Personne qui passe son temps à consulter des livres dans les bibliothèques.)
— Réciter par coeur. (Réciter de mémoire.)
— Relever une faute. (Faire remarquer un manquement à une règle de grammaire, etc.)
— Remplir un questionnaire. (Inscrire les indications exigées par les questions auxquelles on doit répondre par écrit.)
— Sécher un cours. (Ne pas assister à un cours.)
— Se mettre en rang. (Se placer en ordre par rangées d'élèves.)
— Se soumettre à la règle. (Obéir au règlement.)
— Table des matières. (Tableau qui indique méthodiquement ou alphabétiquement les sujets traités dans un livre.)
— Tourner la page. (Renoncer à demander raison à quelqu'un à la suite d'un affront, d'un conflit.)
— Vivre en marge. (Vivre en dehors, à l'écart de...)

Proverbes

— À chaque jour suffit sa peine. (Supportons les maux d'aujour-d'hui sans penser par avance à ceux que peut nous réserver l'avenir.)

— À l'oeuvre on connaît l'ouvrier (ou l'artisan). (C'est par la valeur de l'ouvrage qu'on juge celui qui l'a fait.)

— Il faut que jeunesse se passe. (On doit excuser les fautes que la légèreté et l'inexpérience font commettre à la jeunesse.)

— Il faut tourner sa langue sept fois dans sa bouche avant de parler. (Avant de parler, de se prononcer, il faut mûrement réfléchir.)

— La nuit porte conseil. (La nuit est propre à nous inspirer de sages réflexions.)

— Le chat parti, les souris dansent. (Quand le maître est absent, les écoliers mettent à profit leur liberté.)

— Qui ne dit mot consent. (Ne pas élever d'objection, c'est donner son accord.)

— Vouloir, c'est pouvoir. (On réussit lorsqu'on a la ferme volonté de réussir.)

Achevé d'imprimer
en l'an mil neuf cent quatre-vingt-huit
sur les presses des ateliers Guérin,
Montréal, Québec.